より活発に利用される図書館を目指して

伊藤昭治が言いたかったこと

日本図書館研究会読書調査研究グループ [編]

日本図書館研究会

刊行にあたって

　伊藤昭治氏が逝去されたのは2016年4月7日，早いものでまもなく3年になろうとしている。日本図書館研究会の研究大会やセミナーにおいて，いつも元気に発言されていた姿が思い出される。

　伊藤氏は，1958年から神戸市立図書館に勤務され，志智嘉九郎館長の下で図書館員としての基礎を学び，1988年からは大阪府茨木市に移り，茨木市立図書館の発展の基礎を築かれた。その後大学で司書養成に携わったあと，兵庫県三木市の図書館指導専門員となり，三木市の図書館職員養成に大きな力を発揮された。

　また伊藤氏は当会の理事・研究委員長として研究グループの育成にも尽力された。なかでも本書の編者である「読書調査研究グループ」は，氏が手塩にかけて育てられ，利用者のニーズを重視する観点から各種の調査活動を進めてきたグループである。

　本書は，『より活発に利用される図書館を目指して―伊藤昭治が言いたかったこと―』というタイトルにもあるように，伊藤氏が生涯をかけて取り組んでこられた「より活発に利用される図書館」の内容を凝縮したものとなっている。

　本書には2つの大きな柱がある。

　1つ目の柱は，伊藤氏が未来の図書館の担い手である若い図書館員に，図書館の基本を知って欲しいと，常日頃から力を注ぎ，語っておられた図書館についての言葉である。茨木市立図書館や三木市立図書館で，若い図書館員たちに向けて行われた研修の内容を詳しく紹介している。

　2つ目の柱は，伊藤氏の公共図書館での長年の実務経験に基づく公共図書館のあり方についての発言の中から，代表的なものを集めている点である。図書館長の役割について，図書館施設について，そしてレファレンスについてなど，多様なテーマがまとめられている。

現場からの視点に立った伊藤氏の図書館発展への思いが，本書を通して読者の皆さんに届き，生かされることを願っている。

　2018年12月

日本図書館研究会理事長
前　田　章　夫

まえがき

　本書は，より活発に利用される図書館を目指し，図書館員として学んでほしいことをまとめたものです。

　今，公共図書館の図書館員は疲弊していないでしょうか。正規職員は減らされ，業務は増え，アウトソーシングの波にもまれ，目の前の仕事をこなすことだけで精一杯，という状況になっていないでしょうか。司書としてカウンターやフロアーに立ち続け，そして学び続けることや，人を育ててゆくことがおざなりになってはいないでしょうか。厳しい状況を言い訳にせず，厳しい状況だからこそ，私たち図書館員は学び続けなければならないと思います。

　図書館員が司書資格を取ることはスタートでしかありません。常に学び続けてこそ図書館員と言えます。先人の経験を受け継ぎ，自身の経験を蓄積し，司書集団として共有し，後輩につないでゆきます。そうして図書館が図書館として機能し成長していきます。

　学び続けることとともに，もう一つ重要なのは「何のために学ぶか」ということです。図書館の第一の役割はあらゆる住民の「知る自由」を保障することです。その役割を果たし，住民に愛され活発に利用される図書館をつくり，発展させていくための学びでなければなりません。うわべの華やかさを追うのではなく，過去に学び，地に足をつけ，現状を分析し，将来を見通さねばなりません。おかしな意見に唯々諾々と従うのでなく，しっかりした論拠を持って自分の言葉で反論していかなければなりません。

　本書発行の発起人である伊藤昭治は2016年4月に急逝しました。そのほんの3か月半ほど前まで「本書は今こそ訴えなければならない内容なのだ」と原稿の準備を続けていました。本書は伊藤の遺志を継ぎ，日本図書館研究会読書調査研究グループが伊藤の原稿を元に編集しました。

　元となった文献には発表されてから年数の経過しているものもありますが，

今なお役立つ，今だからこそ訴えたい，今後も繰り返し学んでいくべき，実践につなげられる，研修に活かせる内容です。
　この本を，日々業務に忙殺されながら懸命に働く図書館員に捧げます。

　2018年12月
　　　　　　　　　　　　　日本図書館研究会読書調査研究グループを代表して
　　　　　　　　　　　　　　　　　　　　加　藤　ひろの

目　次

刊行にあたって………………………………………………前田　章夫……3

まえがき……………………………………………………………………………5

第1章　若い図書館員に，あえて確認しておきたい図書館の役割
　　　　― 館界に蔓延するおかしな論旨 ― ………………………………9

第2章　職員の研修で図書館は変わる………………………………………25
　　　　茨木市立図書館での研修内容………………………………………26
　　　　職員の研修で押さえておかなければならないこと
　　　　　― 三木市での実践1 ― ……………………………………………37
　　　　職員研修を終わって
　　　　　― 三木市での実践2 ― ……………………………………………49

第3章　館長の役割……………………………………………………………59
　　　　図書館長次第で図書館は変わる……………………………………60
　　　　館長資格の質的側面…………………………………………………65

第4章　実務に役立つ研究を求めて…………………………………………69
　　　　業績づくり………………………………………………………………70
　　　　公立図書館の施設を考える……………………………………………73
　　　　公立図書館を市民のものにするもう一つの試み
　　　　　― 志智嘉九郎の目指したレファレンス ― ………………………86

第5章　改めて図書館の役割を考える………………………………………99

付　録　三木市の研修で配布した資料リスト………………………………122

解　題………………………………………………………………………………144

注 …………………………………………………………149

伊藤昭治　略歴 …………………………………………158

あとがき …………………………………………………159

第1章

若い図書館員に、あえて確認しておきたい図書館の役割
― 館界に蔓延するおかしな論旨 ―

若い図書館員に，あえて
確認しておきたい図書館の役割
―― 館界に蔓延するおかしな論旨 ――

【初出：『談論風発』3(4)，2009.1，p.4-10.
のちに『出版ニュース』2168号，2009.3，p.6-12. に採録】

昔の図書館を知っていますか

　皆さんは『市民の図書館』以前の公共図書館はどのようなものであったかご存知ですか。ほとんどが学生の自習室的な利用であったこと，家庭の主婦などの利用はほとんどなかったこと，昭和25年までは入館に，館外貸出に，お金を取っていたこと，それはいくらで，当時の物価と比較しどの程度だか知っていますか。

　蔵書はほとんどが閉架式で，目録で検索し，出納手に書庫から出してもらっていたこと。利用者が直接本に接することができなかっただけに，適書が的確に探し出せず，すぐに返却される本が多かったこと。また閲覧目録は分類・書名・著者名目録で，件名目録を持っている館は少なかったこと。館内は静かで，館によっては下駄履きは草履に履き替えさせていたところもあったこと。複本など原則として購入せず，予約は制度としてはなかったこと，などなどを知っていますか。

　図書館法が成立して入館料・館外貸出料金が無料になりましたが，サービス内容はあまり変わりませんでした。当時の利用統計など見てください。今と比較すれば微々たる数値です。席借りが多く，資料を持ち込む勉強の場でした。本は館内閲覧が中心で，ノートに写し取る利用のされ方でした。そのため本の切り抜きが多く，返却時にはその点検が重要な仕事でした。コピー機のなかった時代です。

　戦争中は利用者に閲覧させてはいけない本がありました。どんな書名の本に閲覧禁止の指令があったか知っていますか。こうした事例が分かっておれば

「図書館の自由に関する宣言」[2]も理解しやすいのではないでしょうか。

先人の改革

　そうした図書館を，先人がどのように考え，どういう手法で改革してきたかご存知ですか。今，現場の図書館員に必要なことは，図書館活動の改革に関わってきた運動の内容を知ることだと私は思っています。そうでないと，おかしな主張があたかもこれからの図書館の進むべき道だと誤解されかねません。ビジネス支援，医療支援，有料化，悪書追放運動などが変に誤解されて進んでいます。戦後の図書館界でもこうした事例は多くありましたが，その多くは，図書館の歴史から消えていっています。最近の図書館界の動向には公共図書館の努力の歴史と発展の方向は顧みられず，図書館サービスの本質も無視されています。こうした現実は見過ごせない事柄です。

　歴史を学ぶことが大切だと言っているのは，図書館活動の意味を常に考えなければいけないと思うからです。単なる思い付きの机上の空論では困ると言いたいのです。外国の図書館事情の紹介だけが闊歩している図書館学では役に立ちません。現場とは何の関連もない図書館学を学んでいませんか。図書館学は実学です。実務に役立つ理論が必要です。「図書館学はコンピュータを使えるようになることだ」などと思わせないでください。

自治体の施策

　自治体の財政が困難のためと称して，職員の委託化，パート化が進められ，職員の数が削減されつつあります。図書館が建物だけでなく，人間による専門的なサービスでなければならないことを実証してきた『中小レポート』[3]以降の公共図書館の実践は忘れられつつあります。財政難は分かるが，その対処の方策には理解できないことが多いのです。公共図書館の努力の歴史と発展の方向は顧みられず，図書館サービスの本質も無視されている現実は見過ごせません。公共図書館のサービスをどのように変えてしまうのか，それによって自治体がどのようなものを失うかは全く理解されていません。今こそ図書館を歴史的な

流れの中で見る目を養っておかねばなりません。それには,まず図書館の役割をきちんと認識することが大切ではないでしょうか。

　図書館の役割といっても,大学図書館と公共図書館とは違います。公共でも,都道府県立図書館と市町村立図書館では負わされている役割が違います。これらを一緒にして図書館の役割を論じているものもあります。大学図書館しか知らないのに,公共図書館のことを論ずるからです。論じられているいろいろな事例を見破る力をつけなければなりません。

誤解されている図書館の役割

　それでは,一般に誤解されている図書館の役割を指摘していきます。これにきちんと反論できる力を若い図書館員につけてほしいからです。

1.すべての市民にあらゆる資料を提供することが,公立図書館の役割です。

　提供する資料を操作することによって,図書館員がよいと思う方向へ市民の思想や行動を導くことが役割ではありません。数値的な間違いや幼稚な内容の間違いは別として,提供した資料が利用者にどんな影響を与えたかについては,図書館が責任を持たなければならないものではありません。マスコミはこれが分からないため,「図書館でこんな本を置いている」と非難がましく記事にすることがあります。

　良書,悪書の判断を下すのは利用者であり,図書館員でないことを肝に銘じていてください。図書館員は自意識過剰な,おかしな教育者にならないでください。

2.「今の図書館は騒がしい。まず図書館で優先すべきは勉強のできる静けさである」と言う人がいます。

　「図書館は育児所ではない」と新聞などに投書する人もいます。しかし追求すべきは,誰もが図書館を利用できる雰囲気づくりです。一人ひとりが書架から自由に本を選んだり,親が子どもに本の読み聞かせをしたり,職員に質問を

したりできる図書館なら，特に騒ぐ人がいなくても「ページをめくる音を気にする」図書館にはなりえません。

　今の図書館では，利用者を差別せずに，できるだけ多くの人が使えるような方策を静けさ以上に採らなければなりません。

3．「図書館ならば『大日本史料』や『大日本古文書』を，小規模な図書館にも置いておけ」という要求があります。

　自分が読むのではなく，「図書館とはそうした個人で買えない本を置くところだ」という見解からです。小規模な図書館で利用の少ない専門的な資料を中心に収集しようとすれば，ほかの多くの人へのサービスが当然ながら薄くなってしまいます。これは専門的調査を否定すべきだという意味ではありません。図書館を使っての調査研究は歓迎するけれども，希望する人の少ない資料は大規模図書館の援助を受けながら応えていくべきだという意味です。すべての図書館が，同レベルの役割を持たねばならないものではありません。役割の分担は必要なことです。大学の卒業論文の資料を町村立図書館ですべてまかなうことは，できなくても仕方ありません。

　席貸しを重視すれば，図書館は学生の行くところと理解されかねません。これは一般の人が利用できない図書館の雰囲気をつくることになります。席貸しを重視しない根拠が説明できるようにしておかなければなりません。

4．「図書館の使命は文化の保存である。最優先すべき役割は将来の読者に本を残すことである」という主張があります。

　これについても，すべての図書館が保存機能を第一の役割として重視することは得策ではありません。不確かな将来の利用のために，資料を保存していくことを最優先にして図書館サービスを展開すれば，今生きている利用者へのサービスがそれだけ損なわれることになります。将来のために資料を保存していくことは，基本的に都道府県立図書館や国立国会図書館の役目です。

　中小規模の市町村立図書館では，今生きている利用者のために努力を集中す

べきです。本を買った言い訳に「今は読まれないが将来読まれるかもしれない」という言い方があります。しかし，今読まれない本が将来読まれる可能性は少ないことも知ってください。小図書館でもその地域の郷土資料は他の図書館が収集しないので保存が必要ですが，高度な研究書の収集は無駄になることが多いことを知ってください。それには常に利用資料の分析が必要です。利用資料の分析は図書館の活性化のために大切なことです。

5．法律にこだわる人で「『図書館の自由に関する宣言』は建前に過ぎない，拘束力はないのだから従う必要はない」と言う人もいます。

「図書館の自由に関する宣言」は法律ではないので，確かに拘束力はありません。しかしそれは，世界の図書館と図書館員が歴史をふまえて共有している理念です。「図書館の自由に関する宣言」を無視したいとか，否定したいと考えるのは自由ですが，それを実行したいのなら，他人が納得できるだけの根拠を示す必要があります。単に「図書館の自由に関する宣言」が気に入らないとか，法的拘束力がないといった理由だけでは，無視したり否定したりしてよい根拠にはなりません。

同種の意見は「相互貸借は地方自治法に反する」[4]とか「図書館法に書かれていないことまでする必要はない」といった発言につながります。きちんと反論する力をつけてください。

6．「無料であることが図書館の発展を阻害している。課金すればもっとよいサービスができる」と言う人もいます。

公立図書館の無料の原則に納得できないと言う人たちです。図書館の発展とは，すべての市民に知る自由を保障することのはずです。課金することによって，それが実現できるのでしょうか。むしろ，必要な資料を得られる人とそうでない人の格差が生まれ，発展が阻害されるのではないでしょうか。

公立図書館の発展は，質の高いサービスをすべての市民に無料で提供することによってこそ実現されるものです。無料制が公立図書館に必要なわけについ

ては，多数の文献があります。参照しておいてください。「本は買ったものでなければ頭に入らない」といった文化人の発言がありますが，すべての人がそうだということではありません。出版社や書店擁護の論旨であることも見破ってください。こんな意見に納得してはいけません。

7．「子どもは保護を受けるべき無垢な客体であり，大人が選んだ最良・最適なもののみを与えるようにすべきだ」と言う人もいます。

　大人が選んだ最良・最適なもののみを与えるようにすべきだと言う人もいます。しかし近年では，子ども観が変わり，子どもの権利条約が1994年にようやく日本でも批准され，「子どもも権利主体である」という認識が出てきました。アメリカでは1967年に「図書館の権利宣言」に年齢差別否定の文言[5]が加えられています。同様の文言は1972年版の「ユネスコ公共図書館宣言」にも明記[6]されています。図書館は子どもに対しても，あらゆる資料へのフリーなアクセスを保障しなければなりません。図書館は文学的に良質かどうかを検閲する場ではありません。個人の好みを子どもに押し付けてはいけません。

　「子どもの読書に責任をもつのは親だけであり，それも自分の子どもだけである」（図書館の権利宣言）ことを自覚してください。

8．「利用者は図書館には専門書や学術書を求め，書店では軽読書を求めている」とか「図書館を利用するのは高学歴の人のみだ」と言う人がいます。

　古い，また誤った図書館観を引きずると，このように利用者像が固定されてしまいます。しかし今の日本の実態の調査[7]では，そうではありません。図書館への取っ付きには学歴差がありましたが，図書館の常連利用者には高学歴者が多いという結果は出ていません。外国の文献を鵜呑みにしての主張のようです。

　図書館はあらゆる住民をサービス対象にします。利用者層はサービスの仕方次第で広がります。「図書館は皆さんの読みたい本を集める窓口です」と知らせるだけで貸出は増えます。図書館の役割の宣伝が必要です。

9．「貸出を目標にする時代は終わった」と言う人がいます。

　しかし住民一人当たり4冊という指標に達していない図書館も多くあります。それに指標はそれぞれの時代に掲げられた当面の到達目標であって，それ以上は多すぎるからセーブしてもよいというものではありません。貸出の意味を考えてください。たいていの住民にとって，もっとも利用しやすい便利な方法が貸出なのです。

　貸出は図書館の基礎体力として重要な指標です。貸出が増えれば，図書館利用が浸透したことで裾野が広がり，潜在していた要求が表面化し，高度な要求も増え，それに応えるノウハウも蓄積され，好循環が生まれます。貸出と読書案内，レファレンス，予約は不可分のもので，貸出が少ないにも関わらずレファレンスのみが活発で充実している実例は知りません。

　また「貸出が多いため図書館に行ってもいつも貸出中だ，館内閲覧中心の運営に切り替えよ，そうすればいつ行っても読める」と主張している研究者もいます。「図書館に行かなければ本が読めない」と言うことは，行けない人は図書館を利用するなということです。大学図書館や研究図書館の事例で公立図書館の貸出を批判してはいけません。こんな言い方は「一般社会人には利用するな」と言うことと同じだということを，すぐに指摘できるようにしてください。

10．「利用者の要求通りの資料を提供するというのは受身の非専門的な仕事である。予約だからといって何でも買っていては，司書としての役割を果たさず，図書館の主体性を欠くことになる」と言う人がいます。

　これには二つの考えがもとになっています。一つは世間に司書を専門職として認めて採用してもらいたいとする教員の発想，もう一つは図書館の選択論についての考え方の違いによるものです。図書館の役割を，よい本をよく吟味して選ぶことに置き，予約制度を評価せず，実際に予約を受けることも少ないと，「予約の仕事は非専門的」という発想になります。

　しかし，図書館の役割を「資料提供による知る自由の保障」とする立場に立てば，予約は利用者の要求に，徹底的に，確実に応えるために必要不可欠です。

最近では，図書館の役割が利用者に理解され，予約すれば応えてもらえるという信頼が強まり，予約は激増しています。貸出の3分の1が予約された本という図書館もあります。こうした実態も知ってほしいのです。予約制度を非難する論旨に，図書館利用の実態と違う主張が多くあります。論破する力をつけたいものです。

　「図書館は社会教育機関だから，住民を教育するのに役立つような良書を厳選して置くべきだ」と言う人もいます。しかし図書館は，図書館員が良質と思う本を住民に与える機関ではありません。資料費が少なくなればより一層，利用者の求める予約の本を優先させるべきではないでしょうか。

　「看護婦が患者に，麻薬をほしがるからといって与えてはいけないように，図書館も利用者がほしがるからといって何でも与えてはいけない」という主張も聞かれます。しかし自分に何が必要かを一番知っているのは利用者であり，自分が何を読むのか決めるのは利用者自身です。図書館の仕事は利用者の多様な選択を保障することであって，それ以上立ち入って何を読むかまで口出ししてはならないはずです。図書館は何が良書で何が悪書かという判断を下す権限は持っていません。また「オウム真理教」の本を所蔵しているからといって，その図書の主張を公認しているわけでも，評価しているわけでもありません。それだけに図書館員の読ませたい本だけを置くところにしてはいけません。

11．「複本を買わなければもっといろいろな本が買えるはずだったのに」という非難がましい言い方もよくあります。

　ブームが去った後，何冊複本が残るかを問題にしての発言です。これは何冊残るかでなく，その本が棚に残るようになるまでにどれだけ利用されたかを見るべきです。ベストセラーになった本はピーク時を過ぎた後でも回転率は高く，決して無駄になっていません。無駄なのは一度も読まれなかった本の購入です。

　また，書架になければその本が図書館にないのと変わりません。これではいつ行ってもほしい本がない図書館ということになり，図書館そのものが見放されてしまいます。図書館が今見えている以上の要求を掘り起こしたいと思うな

ら，まず現在の要求に応えるべきです。今，現にされている要求にさえ応えることができない図書館に誰がそれ以上の要求をする気になるでしょうか。

複本は図書館と利用者の信頼関係を築くのに不可欠です。「待たせたらよい」と言う人もいますが，読みたい時に提供してこそ効果があるものです。

利用が増えない原因を図書費だけにする主張があります。しかし資料費を増額したら高価な美術書ばかり買っていた図書館もありました。本質が分かっていないとこんなことになります。

12.「読書相談のカウンターやレファレンスのカウンターを置かなければ，住民に司書の専門性が認めてもらえない」と言う人もいます。

しかしカウンターを置いても，経験豊富な専門職で住民の信頼を受ける人を配置しなければ，効果は上がりません。専門職制度のないところで相談カウンターを設けることは，住民の信頼を失うことにもなりかねません。

次に問題になるのは，こうした主張が「専門職は相談カウンターにだけいればいい」といった発想につながることです。貸出カウンターに専門職を置くことは能力の無駄づかいではないか，とパートやアルバイトを導入する根拠にされかねないことです。司書の有用性を認めさせるには相談カウンターが必要だとか，グレード制を導入すればといった形式を整えることでできるものではありません。相談カウンターがあれば，すべて相談カウンターに任せられるものではありません。住民は貸出カウンターでもフロアーでも信頼できると思える職員に話しかけてくるものです。グレード制も高学歴だけが評価基準になっては困ります。おかしな管理職を育成しかねません。

13.「都道府県立図書館は市町村立図書館より上位にあり，市町村立図書館を指導する図書館である」と思っていませんか。

「都道府県立図書館はより高級なサービスをする図書館だから，小説や実用書は所蔵していなくてもよい。子ども相手の児童室など必要ない」と言う人もいます。そういった発言に納得していませんでしたか。都道府県立図書館の第

一義的な機能は市町村立図書館への援助です。このことが分かっていますか。

　もっとも，都道府県立図書館と市町村立図書館とが全く同じサービスをすることはできないし，すべきではないことについては異論はありません。しかし図書館である以上，公立図書館としての最低条件は，すべての住民に開かれていること，すべての住民の資料要求に応えようと努力することです。その努力をしていない図書館は，公立図書館としての資格を欠いていると言わざるを得ません。都道府県立図書館の独自性は，公立図書館としての最低限の条件を満たした上で追求すべきものであると考えます。

14.「応えたくない予約をきちんと断れるようにするために収集方針で決めておくべきだ」「収集方針で決めておけば誰からも文句は言われない」と言う人がいます。

　収集方針・選択基準は予約を断るためにあるのではありません。中小図書館の中にはいろいろな事情で購入できないものも当然あります。例えば成人向けの洋書など収集から除外している場合もあります。また高価な本ということで応えきれないものもあります。

　しかしこれらは，予算の関係で応じきれないのであって，都道府県立図書館が所蔵しておれば当然その予約には応える性格のものです。収集方針・選択基準にない本だからといって，他の図書館から借りて提供することも断るのは，図書館側の独り勝手な言い分です。

　以前の収集方針や選択基準には，収集資料を切るための文言が多くありました。それが変わってきていることを学んでほしいのです。収集方針には利用者のニーズが反映されていなければなりません。それに収集方針は，一度決めたら変更できないという性格のものではありません。時代の要求に沿って見直すことも重要であるし，見直すべき性格のものです。アメリカの図書館には収集図書に対しての苦情を申し立てる書式がカウンターに置いてあるところがあるが，これは利用者の要求を切るためのものではありません。聞くためのものです。

15. 官僚型の思考とでもいったものがあります。

「貸出冊数が増えれば増員要求につながる恐れが出る」「簡単に増員できないのだから，貸出が増えないような方策を考えよ」「利用が増えればそれに対応ができなくなる，だからPRは控えよ」「図書館の本は税金で購入されているのだから，それにふさわしい本を置け」「相互貸借などは地方自治法に反する行為だ」「当市の行政方針を批判している本は置くな」などは，行政当局の人たちが乗りやすい主張です。

これらの言葉の背景にあるのは，①資料要求に対する財政的な苦慮，②増員要求につながることを恐れての詭弁，③行政感覚から見て過剰サービスでないかといった批判，④時期が悪い，とにかく蟄居しておれ，⑤受益者負担の顔をのぞかせているもの，⑥昔のように住民の思想善導を目指したもので，新しい図書館の役割についての無知からくるもの，などです。

こうした意見に対して，司書の中にも「上司に反抗しても得になることはない」といった落ち着き方になることが多いものです。それだけになめられて，図書館界で行われる研修などは軽視されます。館界から変な知恵をつけられては困るという発想です。そして図書館職員の無気力さに増長して，図書館側に相談なく勝手におかしな意見を推し進められることがあります。

それだけに図書館員は「本来どうあるべきか」といった視点は常に自分で考え，自分の考えを持っていなければなりません。というのも，こうした事柄がいつまでも続くわけでもありません。将来自分の考えが館の運営に生かされるようになることもあるからです。

16. 子どもにとって理想の図書館とはどんな図書館でしょうか。

子どもには自己判断能力がないという認識のもと，子どもに代わって大人が選びぬいた古典と言える良質の本だけが置かれている図書館でしょうか。図書館の蔵書全体のタイトル数を絞り，古典的良書の複本を何冊も積み上げている図書館でしょうか。そして「子どもたちの予約は百害あって一利なし」と言って子どもの予約は受けない図書館でしょうか。

こうした図書館を主張する職員は、「純粋で短い子どもの時代に必要な、用意されたもののみを効率よく吸収することによって、子どもは心豊かに成長していくものであり、図書館はそのための使命を果たしている」と言います。しかしそうした図書館では、館内は閑散としていて子どもの姿も少ないのです。実際の子どもらのニーズとかけ離れた蔵書構成をすることで、一体どんな効果がどれくらいあるでしょうか。逆に、良書の厳選をしないことによる弊害はどのようなものがあるでしょうか。良書を厳選した図書館では、別のタイプの図書館に親しんだ子どもや、身近に図書館のない子どもに比べて、明らかに心豊かに成長したという効果の実証はあるのでしょうか。考えてみてください。

おわりに

書き出したらきりがないほど、おかしな主張があります。そうした主張を笑ってばかりではいられません。中にはこうした主張を正しいものだと教えている大学さえあります。それだけに困るのです。私の体験では、昔は司書として採用されるとそれなりの専門職としての自覚を持ち、研究会に入り、図書館学の専門書を読んだものですが、そうした雰囲気はなくなりました。それは上司に能力のある人がいなくなったことで、若い図書館員を育てようといった情熱がありません。昨日まで交通局にいた人が館長になることもあります。およそ図書館に似つかわしくない人、読書などしたことがない人が館長になることさえあります。そうしたところでは職員の研修などといったことは、考えも及ばないようです。

図書館員といっても公務員だろう、公務員ならば上司に言われた仕事をやっておればいいのだと、図書館の理念や図書館特有の仕事の内容にまで干渉してくることもあります。反対すれば専門職でも市長部局に配転させられることもあります。それを恐れて強く言えないこともあります。

文化人、小説家、マスコミ関係者の中には、一部ではあるが図書館の役割を誤解している主張があります。図書館の役割を勉強していないと、そうした意見に納得してしまいかねません。実際それに同調する図書館関係者もいます。

そうした動向にはどう対処すべきだと思いますか。それには図書館の職員が日ごろから勉強をして，職員間でおかしな理論に打ち勝つ理論武装をすることです。一人ひとりの職員が自分で勉強していたとしても，それを館全体のものにするのは難しい。今こそ研修が必要です。

　一時期，マスコミで話題になり，図書館界でも話題になったが今では見向きもされない主張が多くあります。どうせ長くは続かないであろうからほうっておけばいいと言う人もいますが，時流に乗ることの好きな図書館関係者も多くいますし，すぐ消えてしまうと思っても一つ一つ訂正しておかねばまた復活しかねません。そのため日ごろから説得する方法を考えておかねばなりません。

あなたならどう答えますか
　「利用者の要求に応えていて，ポルノだらけになったらどうするんだ」
　「犯罪者の書いた本を置いてもいいのか」
　「予約の件数が多いのは，適切な選書，蔵書構成ができていないからだ」
　「貸出冊数を制限せよ，トラックで借りに来たらどうするのだ」
　「市民選書ツアー[8]にすれば，職員の労力が軽減できる」
　「来館して貸出カードを作るのでなく，住民基本カード[9]で貸出できるようにすれば貸出は増える」
　「図書館に来る人は住民の20％だけだから，その要求に応えることは残りの80％を切り捨てることになる」
　「誰も買わない本は図書館が買わないと出版社がつぶれてしまう」
　「24時間開館せよ，休館日をなくせば利用は増える」
などともっともらしい幻想や主張があります。これらを言われたら，あなたはどう答えますか。

　首長から言われた時，利用者から言われた時，教育長から言われた時，館長から言われた時，あなたはどう答えますか。それぞれに説得できる言い方を考えたことがありますか。相手が納得しない時はこちらを軽蔑します。どう言えば分かってもらえるかも職員間で考えておきたいものです。

知的自由の問題にしても，船橋西図書館蔵書廃棄事件[10]，熊取町立図書館除籍処分図書の問題[11]など図書館側の役割を誤解しているから起きた問題で，図書館側の不適切さは，恥ずかしいことです。過去にもあった過ちが生かされていないがために，こうしたおかしな論旨が蔓延していくのです。最後に公立図書館の役割が職員に周知され運営に生かされているところでは，職場は活性化しており，利用も落ちていないことを伝えておきたいと思います。

第 2 章

職員の研修で図書館は変わる

茨木市立図書館での研修内容

【初出：講演原稿。講演主催者・場所・日時など不明】

　1988年5月の頃だったと思います。森耕一先生から突然のお電話があり，茨木市に行かないかという打診がありました。当時森先生は「茨木市文化施設計画策定委員会」の委員長をされており，前年の10月に「答申」を出されていました。そこには「比較的早い時期に建設を要するのは7館である。中期計画として7館のうち3館（そのうち1館は中央図書館）の建設が望まれる」とありました。

　この計画を推進するには，中心となる図書館の専門家を迎える必要があるとして，森先生に推薦の打診があったようです。市長の同意を得て，7月1日付で茨木市に着任しました。教育委員会指導部理事兼図書館建設事務室長というのが私の職名でした。

　着任するとすぐ，図書館建設策定委員会を発足させ，「新中央図書館の基本計画」をまとめました。いろいろな折衝の難しさはありましたが，森先生の期待に応えなければならない，私自身にもすべての責任がかかる立場にあります。それだけに思い切った図書館づくりがやれたと思っています。効率的な運営については，前任地の神戸市立東灘図書館の経験もあり，そんなに不安はありませんでした。詳しくは「図書館利用の減少をくいとめるために ― 停滞状況からの脱却 ―」『本をどう選ぶか：公立図書館の蔵書構成』[12]を参照してください。

　当時の茨木市立図書館の職員の意識は旧態依然としたもので，あまり芳しいものではありませんでした。専門家としての意識はあるが，内実が伴わず，図書館の自由に関わる事件などについての認識も低く，『市民の図書館』[13]や『公立図書館の任務と目標』[14]など図書館職員の必読が常識とされている文献さえ

も読んでいない状態でした。

　蔵書は利用者の要求に基づいて収集すべきだと建前としては認めていても，住民の教養を高める使命感の方が強かったようです。

　着任早々，書店から持ち込まれた見計らい選書の時，「この小説は純文学だから購入すべきだ」と主張され，その言行に驚いたことがありましたが，図書館の使命として住民の教養を高める意識が高かったようでした。

　この少し前でしたが，資料選択について，館別の図書館員の意識調査をしたことがありました。伊藤昭治・山本昭和ほかが書いた「資料選択についての公立図書館員の意識調査」[15]です。その88ページにあるC館が当時の茨木市立図書館です。

　C館では，「図書館員は専門職だと思いますか」という質問に対して，全員が「全くそう思う」「まあまあそう思う」と回答していて，専門職としての意識は強く持っています。ところが，山口県立図書館の図書封印事件など，図書館の自由にかかわって当時重大な問題となった事例についての認識は低いのです。また，『市民の図書館』[16]「図書館の自由に関する宣言」[17]「図書館員の倫理綱領」[18]『蔵書構成と図書選択』[19]『われらの図書館』[20]など，この問題についての資料を読んでいる人も多くはありません。「図書館の蔵書は住民の要求に基づいて収集されるべきだと思いますか」の問いに対しては「全くそう思う」「まあまあそう思う」と答えた人がほとんどで，建前としての要求論は認めていると言えるが，「読み捨てられるベストセラーは図書館の蔵書にしておくべきだと思いますか」「マンガを図書館に置くべきだと思いますか」「ハーレクインシリーズの本は図書館に置くべきだと思いますか」等には否定的で，こうしたものはあまり置きたくないと思っている職員が多いと言えるでしょう。

　「図書館では要求された本はすべて提供すべきだと思いますか」という質問に肯定的な人はわずかであり，一方，「図書館には地域住民の教養を高める使命があると思いますか」という質問には「全くそう思う」「まあまあそう思う」と答えるのが大半で，要求に徹底的に応えるよりも，住民の教養を高める方向で選択を考えていると言えます。

「犯罪者の書いた本は図書館に置くべきでないと思いますか」や、「反社会的なテーマを扱った本は図書館に置くべきでないと思いますか」に対して「差別しない」と答えている人が少ないことに見られるように、いわゆる世間的評価を気にしています。

また、「図書選択について市長・教育長の意見には従うべきだと思いますか」には「そう思わない」という職員が少なく、「収集方針を住民に公開することは必要だと思いますか」という質問に対しても積極的な回答はわずかで、自らの専門職としての本の選択に関する判断に対して自信を持っていないのではないかと考えられます。

職員の意識改革への取り組み

私の着任前後の茨木市立図書館はこのような状況でした。このように専門職意識は高くても資料に対する自分の判断に自信を持っていない職員の多い職場では、図書館員の常識では考えられないような処置がまかり通っていく下地が存在していると言えるでしょう。

この背景には、いくつかの原因が考えられます。一つは図書館員の養成課程の問題です。この時の調査では対象にした大学は2校でしたが、そこでは大学生が図書館についての基本的な事柄を知らず、安易な考え方をしているという結果が見られました。こうした学生の意識は図書館資料論や図書館活動の講義でどのように教えているかによって、かなり違ったものになってくるように思われます。

もう一つは図書館に就職した後の研修にも原因を求めることができます。図書館の館内研修や、館外研修に積極的に関わっていくことによって、常に、新しい知識や図書館界での常識的な考え方を吸収することができます。そうした研修への参加の保障という点にも関わることですが、館長人事も含めた職員制度の問題があります。館長が専門職か行政職かということも重要ですが、より根源的には公立図書館の基本的な機能をどのように考えているか、ということが問われます。

あらゆる偏見から逃れて，利用者の要求を最大限に考慮しながら，多様な価値観を認める立場で資料の選択を行っていくことは，今日のような社会情勢の中では容易なことでないかもしれません。だからといって，そうした努力を放棄してしまえば，資料選択に対する住民の信頼を失い，図書館サービスは形骸化していくでしょう。そうならないためにも職員一人ひとりの自覚と研鑽が必要とされるでしょう。そこでまず試みたのが職員の意識改革でした。

貸出を伸ばそうと思うなら，まず公立図書館は何をするところかを職員に自覚させることが大切です。そうでないと新館を開館しても，物珍しさが過ぎると，利用はじり貧になっていきます。新採用の職員が入ってきた段階で基本的なことから始めようと思いました。

勤務時間外に基本的文献の講読を行う勉強会を始める

当時，茨木市に寝るだけの下宿を借りていましたので，そこで勉強会を始めました。毎月，日を決めて『公立図書館の任務と目標』を読むことから始めました。この『任務と目標』で一定のコンセンサスが得られたと思います。このほか「ブルックリン公共図書館の資料選択方針」[21]，志智嘉九郎の『レファレンス・ワーク』[22]『図書館の自由に関する事例33選』[23]などを講読し話題にしました。

茨木では本格的なレファレンスをしていなかっただけに非常に刺激になったと当時の職員が言っていました。噂を聞いて他市の職員（枚方，吹田，三田，八尾，栗東など）の職員参加もあり，茨木市立中央公民館の部屋を借りて行うようになりました。

専門家による講演会の開催

基本的な研修を終えたので，当時図書館界で話題になっていることを関西で一番詳しく話せる人に話してもらう会を持ちました。これは井の中の蛙にならないための勉強です。

塩見昇「子どもの権利条約」，山本昭和「ボルチモア郡立図書館の運営」，石

塚栄二「青少年保護条例」，深井耀子「多文化サービス」，天満隆之輔「障害者サービス」，山田伸枝「ネパールの識字教育」，このほか森耕一，川崎良孝，村岡和彦，長谷川雄彦，前川恒雄，矢野明子，三苫正勝，土居陽子，佐藤毅彦といった人たちです。

　森耕一先生などは，何回も講師に来ていただきました。私も中国の図書館の視察報告や，当時『図書館界』に発表していた資料選択論[24]を話しました。

　森耕一先生は，図書館員の反応が聞きたいと独自のテーマを持ち込み，話されることもありました。いずれの場合も，講演後は場所を変え，講師を囲んで雑談する機会が持たれました。日ごろあまり話すことのできない人たちと親しく話せることは有意義であった，と当時の職員は話しています。

　館の行事以外には講師料の予算がついていないので，アメリカの図書館を見習って，謝礼はなしでした。それどころか，深井耀子さんなどはカンパすると言ってくれました。「日本舞踊の発表会には踊り手が出すでしょう」と。本当に良い講師に支えられた研修・講演会でした。

研修の成果と職員の反応

　研修の成果について茨木市立図書館の職員は次のように話しています。「一人ひとりの職員が自分で勉強していたとしても，それを館全体のものにするのは難しい。研修を受けることによって貸出が第一だという認識が生まれ，職員の意識を一つにまとめることができた。それにこの研修の結果，カウンターになるべく立とうといった意識も生まれたし，全員で書架整理をするようにもなった。中央館オープンのために若い職員が入ってきた。それが職場の意識を変え，研修の影響もあり職場が活性化した。講師の人たちの話は考え方を押し付けるといったものではなく，自分の中に取り込んで判断材料にしてくれといった姿勢であった。それだけに，職員の視野も広くなったと思う」と。

　このほかにも当時の職員から見てどのようなものであったか，また職員にどのような変化が見られたかを，私の古稀記念論集に，仲健一が「茨木市立図書館を発展させた要因」[25]と題して書いています。詳しく知りたい方はこれを読

んでください。

貸出を支える方策

　貸出を支える基本的な方策は，どんな資料が使われ，どんな資料が使われないかを詳細に分析し，利用されない本を買わないこと，また読まれない本は書庫に移し，開架書架を魅力ある蔵書群にすることです。

　そこで茨木市立図書館では以下の数値を常時調べ，図書館運営に活用することにしました。「NDC 百区分の分類別貸出冊数とその比率」「NDC 百区分の分類別蔵書冊数とその比率」です。この比率によって，どの分類（主題）の本が利用者に好まれ，その蔵書は足りているかどうか知ることができました。

　次に「開架書架の分類別蔵書の回転率」です。これによって，一見してその分類（主題）の利用状況と蔵書量の適否が分かります。その中で回転率の高い分類は本を増やしました。

　また，「分類別でのベストリーダー」を調べました。ベストリーダーといえば，これまでは全蔵書の中のベストリーダーを出すことが多かったため，小説ばかりが目につき，図書選択の参考にはあまりなりませんでした。しかし同一分類内でのベストリーダーを出せば，その主題ではどういう本が求められているかが分かります。主題によっては，入門書ではなく，専門書が求められているということまで分かりました。

　次は，「一年間に一度も読まれなかった本のリスト」の作成です。一度も読まれなかった本の性格を知ることは，利用者の趣向を知るのに役立つ。また読まれない本を書架に並べることは，書架を魅力のないものにしてしまいかねない。未利用図書の比率を下げなければなりません。

　茨木市立中央図書館の1994年の調査ですが，日ごろから蔵書を見直している中央図書館の児童室では，蔵書40,042冊中，一年間に一度も借りられなかった本はわずかに1,866冊で，蔵書の4.7％に過ぎませんでした。これは蔵書が活きているという例でしょう。同じ茨木市でも専門職のいない分室では50％以上の児童書が読まれていません。利用者が書架に魅力を感じていない証でしょう[26]。

職員研修を少しやることによって，未利用図書の比率を下げることはそんなに難しいことではありません。10年間に一度利用されるかどうかといった資料の要求には，都道府県立図書館や国会図書館，相互貸借が可能な大学図書館に頼ればよいと私は思っています。こうした，未利用図書の比率を下げるために必要な職員研修をあなたの図書館ではされていますか。

貸出を支える第2の方策

　第2の方策は，予約の重視と複本の積極的な購入です。机上論では「予約が多いのは，要求とかけ離れた本を選んで購入しているからだ」とか「予約貸出率（貸出の本の中で予約されていた本の比率）は2％が基準だ」とかといったおかしな論もありましたが，予約が多いということは，利用者の図書館への期待が高いということの証です。それに図書館でも，予約されて初めて存在を知る本もあります。

　複本を考慮するのは，利用者が読みたい時にできるだけ早く提供すべきだという考えからです。複本はブームが去った後，書架に残った冊数を問題にするのではなく，それぞれが何回読まれているかで評価すべきです。複本冊数も，図書館員に力量がつけば，最初から一定数の複本を購入できるようになるのではないでしょうか。そうすれば，もっと早く効率の良い提供ができるはずです。

　複本については，これまで日本の図書館ではあまり購入する習慣がなかっただけに，いろいろ批判的な意見がありました。茨木市立図書館では，職員研修でボルチモア郡立図書館などの事例を調べ，研究しました。ボルチモア郡立図書館では，分館を合わせた全館で，シドニー・シェルダンなど600冊も購入しています。詳しくは，山本昭和の「ボルチモア郡立図書館の蔵書構成」[27]を参照してください。こうしたおかしな意見に動揺しないためにも，職員間で実態を調べ，力量をつけることが必要です。職員間で話題にすべき文献はいくつもあります。ボルチモア郡立図書館の事例などは非常に有効でした。

利用者の年齢構成も，日ごろから調べておくとよい

　詳しくは「利用者の変化とそれに応えるサービス」[28]，「視聴覚資料は若い人たちだけが利用するものではない」[29]を見ていただきたいが，茨木市立中央図書館の利用者は，市内全人口の年齢別構成と比較して，30代の女性と40代の男性が多く，図書館の利用者層が学生から離れ，一般市民に定着してきたことが読み取れました。また視聴覚資料の利用状況にも年齢別の特色を見ることができました。こうした分析は旧態依然としたサービスへの反省にもなりましたし，資料収集にも役立ちました。

　特に最近は高齢者の利用が増加しており，その利用状況も自治体の各館によって違い，一律に論じられないことも分かってきました[30]。こうした事柄も効率的な図書館の運営には欠かせない調査だと思っています。また中央館と分館など館によって年齢別利用者層に違いがあることも分かりました。

　資料収集については中央館，分館，分室などで，負わせる役割を明確にしてシステムとして機能させることも重要です。

　参考図書類が必要な中央図書館と，比較的軽読書が読まれる分館と，同じ収集内容では利用は落ちます。そこで中央館と分館の利用内容を調べ，分担を検討し，収集内容を変えました。例えば現代小説の収集比率です。分館では高くなるのは当然です。これを職員に納得させ，実行させるために，中央館と分館の蔵書の回転率と，一年間利用されなかった未利用図書比率の提示を行いました。

　未利用図書の減少が，効率的な図書館運営には欠かせないことを理解させることができると思います。前述のように中央図書館児童室での，一年間に一度も利用されなかった図書の比率が4.7％にすぎなかったことは，まさに驚異にあたるものです。これこそ選書が活きているという証でしょう。職員の意識も，こうした数値の提供で相当変わったと思います。

　それに，私にはこれからの図書館は，一般社会人に活用されるものでなければならないという信念がありました。

　この信念のもとの一つは，前川恒雄さんの古稀記念論集『いま，市民の図書

館は何をすべきか』[31]の中に載せていただきましたが、「公立図書館を市民のものにするもう一つの試み ― 志智嘉九郎の目指したレファレンス ―」[32]の論旨です。彼の先駆的な活動には昔から共感を持っていました。

　もう一つはアメリカの大都市の公共図書館を回った時から持ち続けた執念のようなものです。「日本の公共図書館でビジネス・ライブラリーは成り立つか」[33]にも書きました。

　そのため二つのことを行いました。一つは一般社会人が実際に仕事のために使っている参考図書、例えば『業種別貸出審査事典』[34]のようなものの所蔵であり、いま一つは「日経テレコム」の採用でした。この外部データベースの採用は情報検索に有効であり、レファレンス・サービスには欠かせないツールです。他館に先駆けて採用しました。

　ビジネス支援といっても『上司と上手に付き合う方法』などといった本を置いたり、個々の仕事に関係のない人生訓の本を置いても、ビジネスマンに定着するサービスにはなりません。『業種別貸出審査事典』などは、これまで銀行にはあっても図書館には置かない本でした。またあとで述べますが、最近よく話題になる「ビジネス支援コーナー」などは、掛け声だけで踊らされているもので、利用されるものでないことも教えなければなりません。

分館開設のために行った資料収集の方策

　茨木市では、中央館に続いて分館を開設しました。水尾図書館です。この分館では1995年度11ヶ月で794,426冊の貸出を記録しました。蔵書の回転率も最初の1年は9.2回という信じられないほどのものでした。

　この実績を上げるためにどのような方策を立てたかを紹介します。

　これまでの図書館では、住民の要求に応えるためには、できるだけ多くの分野の本を、できるだけ多様に収集することが必要だと言われてきました。このことは、小さな図書館でも多様で網羅的な蔵書構成が必要であるといった主張を導いてきました。しかし、利用資料の調査をしてみると、要求にはコアとなる部分があることが分かってきました。背後に豊富な資料を持つ図書館のバッ

クアップがあるならば、このコアに的を絞って蔵書構成をするのが効率の良い収集になります。そこでまず実行したのが、コアの資料収集でした。

　資料収集については、分館であるがための注意事項を作成して、資料収集の担当者に徹底させました。それは以下のようなものでした。

1．「分館」という機能を考慮して選択すること(中央館というバックアップ図書館があるので、貸出を最重点とする機能となる)。
2．利用者のニーズを考え、多くの利用者に読まれる図書を選ぶこと(図書館側で読ませたい本を選ぶのではない)。
3．地域の利用者層を考慮すること(水尾図書館のエリアは10年程前から盛んに開発され、マンションが林立する新しい街であり、20～40才代の若い層が多いところである)。
4．資料は鮮度が重要であり、できるだけ新しい出版年月の図書を選ぶこと(同じテーマであっても出版の古いものは利用されない)。
5．「今」「現在」に対応できる資料を選ぶように心掛けること(今は読まれないが将来の利用者のために収集するといった考え方に立たないこと)。
6．個人的な関心や好みによって選択しないこと(図書館員の好みによる偏った収集はしないこと)。
7．多様な対立する意見のある問題については、それぞれの観点に立つ資料選択を心掛けること(多様な価値観を認める立場を取る)。

　次に水尾図書館で購入する、分類別(NDC 百区分) 蔵書冊数を決める作業をしました。これまで多くの図書館では人文科学が何%、社会科学が何%、といった具合に収集比率を決めて購入していました。しかしこれでは粗いのです。そこで、茨木市立中央図書館・中条図書館、それに近隣で活発に活動している某図書館などの分類別貸出冊数・貸出比率、分類別蔵書冊数・蔵書比率などを調べました。そして水尾図書館の負わされている役割など、いろいろな条件を加味して、NDC 百区分の購入比率と購入冊数を決めました。いわゆる第一次

発注冊数です。分館の開設にあたってこのように詳細に決めた図書館計画が他の自治体にあったでしょうか。

　また「分類別未利用図書のリスト」「分類別のベストリーダー」を作り，選択者に配布しました。これは購入しても読まれることの少ない本を具体的に指示したものと，各分類ではどのような本が好まれるかを示したものです。新設図書館の図書の購入には短期間に大量の発注が必要であり，それには何人かの職員が選択者としてそれぞれの分野を分担しなければ処理できません。そのため，こうした基本となるデータが必要であり，これによって，これまで図書選択を担当しなかった職員も，比較的容易に収集できるようになったと言えるでしょう[35]。

　図書館界では，利用者の要求に応えて図書を選択しようとする姿勢がある程度定着し，その理論も整えられつつあります。しかしながら応えていくべき利用者の要求とはいったいどのようなものかを具体的に示す資料がほとんどないという状態です。選択論ばかりではありません。図書館運営についての理論の多くは机上論であったりして，実務に役立つ論旨ではありません。

　茨木市立図書館では，中央館，分館の建設を機に，利用調査と利用分析を元に図書館サービスを進めていこうと思い，実施してきました。その成果が今の茨木市立図書館のサービスの姿です。人口が25万〜30万都市で群を抜いているところを知ってほしいものです。

　大阪府下のある図書館員は「茨木の熱気を支えているのは，理念・使命感に加えて，客観的なデータの裏づけであり，そこから導き出される明確なサービス目標だと感じた。今，多くの図書館に欠けているのは，この部分であり，それゆえマンネリ化し，今一つ活気が感じられないのではないか」と言ってくれました[36]が，茨木市立図書館の貸出冊数などが開館当時の物珍しさに終わらず，上昇していることに注目していただきたいと思っています。

職員の研修で押さえておかなければならないこと
── 三木市での実践1 ──

【初出：『談論風発』2(1)，2007.4，p.1-7.】

　私事になりますが，三木市の教育委員会から頼まれて，図書館指導専門員という名称で，週に2日，図書館の整備・運営・司書の育成の助言をすることになりました。その昔茨木市立図書館で行った仕事の再現のようなものになりますが，ブランクがあるだけに勉強しなければと思っています。この文章は挨拶代わりに図書館の職員に配布したものです。この後の指導プランは順次立てていますが，職員研修の問題で参考になることがありましたら教えてください。
　以下，最初にこれだけは知っておいてほしいと思うことです。

　「図書館員の倫理綱領」[37]というのがあります。これは図書館員であれば専門職であろうとなかろうと，誰でも守らなければならない綱領として作られたものです。このことについてあまり異論を唱える人はいませんが，図書館の役割となると異論も多いです。それに司書の資格がある人だからといっても安心はできません。中には思想善導が図書館の役割だという考えを持ち続けている人もいます。「図書館の自由に関する宣言」[38]も大学で習わなかったという図書館員もいます。公共図書館をほとんど使ったことのない図書館学の教員もいますし，知的自由の問題など，さほど重要だと思っていないのでしょうか，現場で起きる事例に的確に判断の下せない教員もいます。講義では「図書館の達人」[39]のビデオを見せてお茶を濁している教員もいます。図書館の実習に来た学生が「この4日で1年間の講義以上のものを学んだ」と言っていたことがありましたが，分かるような気がします。
　教員ばかりではありません。最近の図書館員の現場でも，行政職の館長が多

くなり，行政当局の経済的指向だけで運営され，図書館の役割など関心がないようです。

　職員の側にしても，図書館をどうすべきかといった勉強などしなくてもいいと思っているのではないでしょうか。問題意識を持って仕事を増やすよりも，言われたことだけをやる方が楽かもしれません。使命感などどこに行ったのでしょうか。

　これでは図書館の利用者にも，あんな仕事なら私にもできると思われていないでしょうか。行政の当局者にも，図書館の仕事は委託でもやれると思われているようです。

　利用者にも，また行政当局者にも，さすが専門家は違うと思わせなければ，「職員は委託で十分だ」と言われかねません。利用者にさすが専門家は違うと思わせることは，一般利用者が驚く難しいレファレンス・サービスを中心にやれということではありません。利用者の求めているものに誠実に的確な資料をもって応え，利用者の信頼を得ることです。

　さすが図書のこと，図書館のことについては何でもよく知っていると住民に思われねば，住民の信頼は得られません。それに図書館の任務と図書館の目標を常に勉強していなければ信頼されません。

　利用者の期待に応えるために，まず最初にこれだけの知識を持ってほしいと思うことを，私なりに考えてみました。各自考えてみてください。

1．今の図書館の現状の分析

　あなたの勤める図書館のサービスの現状を把握していますか。それぞれの全国平均値を知っていますか。どうしたら図書館が活性化するか，一緒に考えてみましょう。

1）あなたの図書館の現状を正確に知ってください。
　⑴ 市民一人当たりの貸出冊数（点数）は何冊ですか（住民にどれだけ浸透しているか分かります）。
　⑵ 登録者一人当たりの貸出点数は（飽きられずに使われていますか）。

(3) 開架資料回転率は(読まれる本を買っていますか)。
(4) 市民一人当たりの資料点数は(利用者に足りていますか)。
(5) 市民一人当たりの増加点数は(増加点数÷人口ですが,少なくありませんか)。
(6) 市民一人当たりの年間資料購入費は(他市と比較してどうですか)。
(7) 購入図書資料の平均単価は(高い本ばかり買っていませんか。他館と比較してみてください)。
(8) 職員一人当たりの貸出点数は(もっと貸出を伸ばす余地はありませんか)。
(9) 職員一人当たりの奉仕人口は(職員はよく働いていますか)。
(10) 貸出コストは(一冊を貸すのにかかる経費。買って読むよりどれだけ安くなっていますか)。

以上の現状を確認することによって,図書館サービスの現状が分かります。さらに,

2) 近隣の評判の良い都市の図書館の現状と見比べてください。不十分な点が分かるはずです。
3) 全国都市の図書館の平均値を知ってください。特に悪い指数は何ですか。
4) 全国的に見て利用指数の良い都市の図書館を調べ,そこから学ぶものを見つけてください。

こうした実態を知り,数値の意味を考え,実務上改善できる手立てはないか,利用指標を分析して,その原因は何かを考えてください。

2.図書館利用者の実態はどうか

今の図書館を日常的に利用できるのは市民の何％ですか。また実際利用しているのは,どの範囲からですか。利用実態を知っていますか。

1) 利用者はどの辺りから来ているか調べていますか(登録者分布図を作っていますか)。

2）距離によって利用はどう変化するか調べていますか（利用圏域はどの程度かを調べることによって図書館の利用がどの程度市民に浸透しているかを知ることができます）。
具体的には
(1) 図書館を利用できない地域の人口は市民の何％か（１キロ圏域に入る人口，２キロ圏域に入る人口は各々何人で，市民の何％ですか）。
(2) 分館の利用圏域はどうか。
(3) どこに図書館を作れば効率がよいか。
(4) 市民の生活動線はどうなっているか。
(5) 市内の駅での乗降者数は。
(6) 図書館の利用者層は分かっていますか。特に女性の利用はどうですか。

　図書館の利用が市民に保障されているか，どうすれば効率よく保障されるか考えてください。またどのような人たちに利用されていますか。利用が活発でない層はどこですか。どうすればそうした層を図書館に引き込むことができるか，考えてみてください。

3．図書館ではどのような資料が使われているか，調べたことがありますか。

利用者の要求と違った本ばかり集めていませんか。利用資料の分析と，収集資料の反省が重要です。図書館は図書館員の読ませたい本を読ませるところではありません。図書館は利用者の読みたい本を集めてくる窓口です。それには以下のような数値が必要です。
１）NDC 百区分の分類別貸出冊数とその比率
２）同じく分類別蔵書冊数とその比率：この比率によってどの分類の本が利用者に好まれ，その蔵書は足りているかを知ることができます。
３）開架書架の分類別蔵書の回転率：その分類「主題」の利用状況と蔵書量の適否が分かります。
４）分類別ベストリーダー：その主題でどういう本が好まれているかが分か

ります。
 5）一年間に一度も読まれなかった本のリスト：選書のミスです。反面教師として役に立つリストとなります。書架を魅力的にするためにも必要です。
 6）古本を集めても役に立ちません。寄贈書を集めて自慢している館がありますが、これは間違いです。蔵書冊数を誇るのは、保存中心の昔の図書館観からです。かえって書庫が必要になり、無駄な経費がかかります。

4．**収集方針と選択基準の作成と公開。図書館には成文化されたものはありますか。その内容は世間に通じるものですか。内容を検討しましょう。**
　図書館の役割について職員間に共通認識を持たねばなりません。そのためには図書館の役割を職員間で討議して作成することが重要です。そして住民にその内容を公開し、理解を求めることが必要です。
 1）収集方針は図書館サービスの方針を資料の面から示すもので、そこに盛り込む内容は、奉仕対象、奉仕活動の目的、知的自由の関係、責任の所在、資料の範囲、リクエストと批判への対処、廃棄などについてです。あなたの図書館はそうなっていますか。
 2）選択基準は、収集方針に基づいて個々の資料を蔵書に加えるかどうかの判断の拠りどころになるものです。
 3）教育委員会に報告し、承認してもらうとよいでしょう。
 4）利用者にとって図書館の蔵書は魅力的なものになっていますか。図書館員の読ませたい本が主流になっていませんか。
 5）収集方針等を住民に公開する意味は、公開されて初めて、住民は自分たちの図書館のサービスの重点が何で、どのような資料が利用でき、利用できない資料は何かを知ることができることです。収集資料の範囲がそぐわない時は、住民はその是正を図書館に求めることができるし、図書館側も必要があれば修正を行います。

　図書館に対する住民の信頼と協力によって、暮らしに役立つ図書館になるも

のです。成文化せず，おかしな選択基準で選書し続けていませんか。

5．他の図書館ではどのような運営がされているか，知っていますか。

どこでも自分の図書館と同じだと思いがちです。井の中の蛙にならないために，一度他の図書館のやり方を見てください。

1）他の自治体の図書館のサービスと比較してみたことがありますか。
　・貸出カードを忘れてきても貸出しますか。
　・予約申込書は自由に取れますか。
　・予約を断るのはどんな場合，どんな資料ですか。
　・複本購入の基準は。
　・相互貸借の送料の負担は誰がしますか。
　・手話のできる職員はいますか。
　・市民向けの広報誌はありますか。
　…など，他の図書館と違いませんか。同じですか。

2）具体的に数値で確認してください。サービスにかけるコストと，活動の実績は悪くありませんか。

3）改善すべき点を見出すための自己点検をいつも頭に入れていてください。日本図書館協会図書館政策特別委員会の「図書館評価のためのチェックリスト」[40]，『こうすれば利用がふえる：公共図書館の経営』に載せた「図書館運営についてのアンケート」[41]などを参考にして調査して，自館のサービスを振り返ってください。

4）こういう図書館もあるのだ，と図書館の実例から学ぶことも大切です。ボルチモア郡立図書館の図書館経営，茨木市立図書館の職員の意識改革のための取り組みなどは参考になると思います。

6．図書館の建築について留意したいこと

1）汚れの目立たない施設・建築にしたい（随分汚くなっていませんか。おかしな貼り紙が多くなっていませんか）。

2）学習室はいりません（自習室になっていませんか。席貸しは図書館の役割ではありません。もちろん調べもののための席は必要ですが，それはそんなにたくさんいりません）。

3）子連れの人にも気安く来館できるための配慮をしていますか（多少の騒音は黙認していますか。子連れでも気にせず来られるような図書館になっていますか）。

4）館内の居心地をよくするために何か考えていますか。

5）児童室の場所は適切ですか（「児童室は１階でなければならない」と，こだわっていませんか[42]）。

6）身体障害者に対する対応はしていますか（床の段差，トイレ，車椅子での対応，書架間隔，点字ブロックなど検討されていますか）。

7）カウンターのありかたは適切ですか（配置場所，高さ，職員の対応の仕方など）。

8）視聴覚資料の対応はどうですか（配架の仕方，利用層の把握，音・映像の視聴の仕方）。

9）書架についてはどうですか（書架間隔，見出しの書き方，配架方法，奥行きなど）。

10）忘れられがちな設備（これは意外と多いです。女子トイレに男の子用の小便器とか，観音開きの戸は危険である，といった事柄です）

11）設計時に，値段だけの競争入札は避けたいです。設計業者に図書館についての基礎的な知識の蓄積がないと図書館機能にマッチした建物を建てることはできません（過去に図書館を設計し，評価された業者を指名し，提案させる方法がよいです）。

12）著名な図書館の見学は欠かせません（滋賀県では湖東町，八日市市[43]。大阪府では茨木市。兵庫県では洲本市などが参考になると思います）。

7．図書館の地域計画の作成

1）システムとしての図書館づくり（どこに住んでいても図書館サービスが

受けられるようにするには、どうすべきか。効率を考えながら考えてみましょう）

2）図書館の地域計画（各図書館施設の役割分担と配置計画と規模をいつも頭に入れておきましょう）

  (1) 地域中心館（中央館）　システムの中心館として分館や移動図書館の活動が円滑に進められるように支援し統括する。図書館サービス網の運営、推進。資料の集中管理、保存。レファレンス・サービス。移動図書館の基地。地域図書館としての機能。

  (2) 分館（室）　住民の身近にあって住民の要求に直接応えるために貸出を主体としたサービスを行う。貸出、予約、読書案内、集会活動。

  (3) 移動図書館　人口密度が低く、常設施設が設置できない地域へのサービス。

3）分館の計画

  (1) 分館の利用圏モデル

  (2) 分館の配置計画

  (3) 分館の規模（目標貸出数の設定。蔵書新鮮度。蔵書数の算定。）

4）分館の成立条件と移動図書館の計画

5）地域計画の事例の研究

市長や教育長でもない、図書館長でもないが、あなたならどうするか、考えていてほしいのです。

8．こう考えているなら、図書館に発展はない。

図書館の利用のされ方が変わってきました。旧態依然とした見解、誤った意見を訂正させる力をつけることが大切です。

1）図書館は良書のみを厳選して置くところだ。

2）図書館は税金で買うにふさわしい本を置け。

3）図書館では個人で買えない本を置け。

4）図書館の相互貸借は地方自治法に反する。
 5）図書館法に書かれていないことまでする必要はない。
 6）貸出制限冊数が多いと，ろくな本を読まなくなる。
 7）図書館の使命は文化の保存にある。将来の読者に残すことが最重要な役割である。
 8）貸出を重視することは，無料貸本屋になることではないか。
 9）図書館の仕事は誰にでもできる。
 10）予約は過剰なサービスだ。予約が多いのは図書の選択が悪いからだ。
 11）複本は購入せず，待たせたらよい。
 12）その他（皆さんの気になっていることを挙げてください）

こうした考えはどこから来ているのでしょうか。このような考え方のもとは，歴史を振り返ると理解できることが多くあります。
　図書館の役割をいつも考えて行動してください。

9．こんな図書館員になってはならない。

利用者へのサービス精神が欠けていては図書館員として失格である。
 1）これでは困る対応
　⑴　住民が望むことでも，仕事が増えたことで猛反対する。
　⑵　利用者の悪口を言うことで，職員の仲間意識を確認しあう。
　⑶　利用者に強く言う人を褒め，その言い分を聞こうとする人を侮る。
　⑷　規則，規則と言い立てて，利用者の言い分を切り捨てる。
　⑸　利用者の要求に合わせてサービスを改善することを面倒臭がり，新しい仕事には手をつけない。
　⑹　今まで続けてきたということだけで，意味のない仕事を続ける。
　⑺　自分ではこうすべきだと思っていても，職場で叩かれるのを恐れて意見を引っ込める。
　⑻　地味なサービスを嫌う。「貸出よりレファレンスだ」と。

2）一般行政職（事務職）で図書館に配属された職員などからよく聞かれる気になる発言
　⑴　学生を相手にしていた昔の図書館運営なら図書館費も少なくて済んだ。
　⑵　図書館サービスが広がることは，市の財政にとって悪いことだ。貸出を増やそうなどといった認識を変えねばならない。
　⑶　「図書館の自由に関する宣言」などは日本図書館協会が決めたもので，自治体が拘束されることはない。
　⑷　市の方針に反する内容の本，反社会的な本は購入すべきではない。
　⑸　司書講習の受講などしても何の役にも立たない。受講すれば司書の主張を認めることになりかねない。知らない方が行政の立場で推進できる。

　以上のようなおかしな意見があります。きちんと反論すること，相手を説得する力量をつけることが大切です。

10．一部の文化人の気になる論調

1）林望[44]，津野海太郎[45]，佐野眞一[46]，楡周平[47]，三田誠広[48]などの論旨
　⑴　複本購入に反対
　⑵　書店にない本を置け
　⑶　保存第一
　⑷　良書を置くところ
　⑸　本は買って読むもの
　⑹　知の殿堂
　⑺　出版文化を支えよ
　⑻　公貸権
2）与那原恵[49]，鈴木由美子[50]，関千枝子[51]の反論
3）マスコミの論調

　1）や3）の論旨にきちんと反論するためには，図書館の役割を踏まえた理

論武装が必要です。時流に乗って権力に媚びる図書館経営論や，ジャーナリズムに迎合するサービス論にならないために，きちんと勉強することが大切です。

文化人の論旨は今の図書館の役割を理解していません。マスコミも同様です。今では文化人の論旨がおかしいということが図書館界では分かってきました。根気よく正論を主張していきましょう。

11. 最後に，あなたは以下の問題をどう考えますか。図書館経営の視点で問題点と解決策を考えてみてください。

1) 同じ程度の規模の図書館で貸出冊数に大きな差の出る原因は何だと思いますか。いろいろな原因を考えてみてください。
2) あなたの図書館では資料費が有効に使われていますか。読まれない本ばかり買って，資料費を無駄にしていませんか。他館と比較して考えてみてください。
3) あなたの図書館では資料が借りやすくなっていますか。利用制限しているものはありませんか。制限しているものを再検討してみましたか。本当に制限する理由がありましたか。
4) あなたの図書館では蔵書(視聴覚資料を含む)を，利用者にとって魅力的なものにしようと努力していますか。図書館員の読ませたい本が主流になっていませんか。
5) あなたの図書館では予約の件数は多いですか。予約制度を軽視していませんか。
6) あなたの図書館では，すべての住民(障害者，在日外国人を含む)をサービスの対象にした活動をしていますか。

以上述べたことについて一つ一つ確認してみることが図書館経営には大切なことです。自分の頭で考えてみてください。多くの点で変えなければならないことが見えてくるのではないでしょうか。

そして，昔の学生の席借りのような図書館に帰らないように，図書館の発展

の歴史を学びましょう。図書館の役割をいつも考えておきましょう。おかしな図書館観を訂正し説得する力をつけましょう。

世間は何をもって，図書館員の専門性を期待し，評価するか考えましょう。

目標ができ，成果に繋がる勉強ができるようになると，仕事にやりがいがもてるようになるはずです。一緒に勉強しませんか。図書館を活気ある図書館にしようではありませんか。

15年も前になりますが，茨木市立図書館に呼ばれ，中央図書館をつくった経験があります。大切なことは職員の意識改革だと思っています。

指定管理者制度や委託の問題は，図書館職員の力量が軽く見られている現象です。図書館職員として評価される力量を身につけて対応してください。それが図書館員の生きがいになることもあります。もし気が向いたら，下記の本を読んでみてください。

『本をどう選ぶか：公立図書館の蔵書構成』[52]

『こうすれば利用がふえる：公立図書館の経営』[53]

『公立図書館の役割を考える』[54]

すべて日本図書館研究会刊行の本です。

基本的な事柄なら『公立図書館の任務と目標　解説』[55]だけでも読んでください。これは職員研修の導入部分です。

次に図書館の理論を自分のものにするため，図書館の歴史を学ぼうではありませんか。図書館員の勉強に終わりはありません。研究会などに入って外の世界を知ってください。やりがいのあるものが探せるはずです。

職員研修を終わって
― 三木市での実践２ ―

【初出：『談論風発』3(1)，2008.4, p.1-6.】

　三木市の教育委員会に頼まれて2007年４月から１年間の契約で，図書館経営の相談と職員の研修を行ってきました。これは三木の図書館を委託にさせないために，利用を活性化し，市民から信頼される図書館にしたいと思っての仕事でした。それはそれなりの成果があったと自負していますが，体力に自信が持てず歯痒い思いをしていましたので，降りることにしました。
　今回はこの職員研修の様子を紹介し，職員研修の必要性を話題にしたいと思います。

　研修会は週に１回，勤務時間外に行いました。正規の職員はもちろん，嘱託，アルバイト，それに後半になると噂を聞いて小野市立図書館の職員も参加するようになりました。
　研修は，もっと世間の図書館の実態を知ってほしいといったところから始めましたが，最終的には「図書館の役割は何か」を職員に徹底することになりました。
　利用状況は，月を追って増加しました。前年比で，貸出冊数は４月が27％増，５月が30％増でしたが，６月になると貸出が57％増になり，その後11月は64％，12月は70％，１月は68％，２月は76％，３月は77％と増加していきました。これまでが少なかったからだと言われればそれまでですが，過去何年も低迷状況であったことから見れば，低迷していた原因を分析し，職員に提示し，サービスを改善していったことが成果につながったのだと思います。
　職員の意識も変わりました。戸田誠之(三木市立図書館の職員)が『談論風

発』に「私の図書館観の変遷」[56]という題で書いていますので，読んでいただければ理解していただけると思います。

利用者の反応も率直で，小さなことでも改善すれば，カウンターで話しかけ評価してくれました。利用者からの声援や市民からの投書[57]には職員も勇気づけられ，やりがいを感じたようでした。

私の感じた三木市立図書館はまさに30年前の図書館でした。蔵書が硬く，高価な美術書や全集ばかりが目に付きました。難しい本ばかりです。これでは一般市民は利用しないと思いました。読まれもしないのに，ほとんどの白書をそろえていました。郷土資料室には盗難を恐れて鍵がかけられていました。寄贈者の名を付けた「文庫」を設け別置していました。予約制度には理解がなく，「図書館に置かなければならない本」が買えなくなると，リクエストは1冊に制限していました。それに行政当局から指導のあったと思われる主題の本を集めた別置のコーナーを設けていましたが，その書架の前に立つ利用者はほとんどいませんでした。2階には立派な閲覧室を設けていましたが，学習室の名残りです。

図書館は市民の買えない本を置くところ，席貸しをするところといった意識から抜けていません。これでは市民が寄り付かないのも当然です。館長にただしても，当然であるかの受け答えで，それについての疑問などないように思いました。図書館の役割など旧態依然としたもので，最近の図書館の変化など無関心であり，何も知らないようでした。

それだけに行政当局のおかしな施策の指導にも疑問を持たなかったようです。選書ツアーについても，職員の労力が減少し利用が増えると思っていたようです。選書ツアー参加者を募集したが，応募者がなかったとのことです。利用を増やすには，休館日をなくせばよいと思ったのでしょうか。毎週の休館日を無くし，祝日も開館するようにしました。日常業務で職員の数が少なくなり，サービスが低下することなど気付かなかったようです。寄贈図書でつくられた矢祭

町の「もったいない図書館」[58]を評価し，矛盾するおかしな点までは頭が回らないようでした。それだけではありません。図書館に相談なく「住民基本カードを貸出券にも使えるようにします」という提案が市の広報誌に載ったこともありました。すぐ撤回させましたが，図書館もなめられたものです。図書館職員の側も，館内掲示には「ストーリーテリング」とか，「ブックトーク」とか「レファレンス」といった市民にとってなじみのない言葉を使い，あたかも高級な仕事をしているかのような印象を与えていました。

　カウンター業務はアルバイトと嘱託職員が中心になり，正規職員は事務室の仕事が主務でした。本庁との連絡の仕事があると言って，館長は土・日曜日，祝日に休日を取り，利用の多い土・日曜日はアルバイトと嘱託が中心になっていました。昔の図書館ではこのようなものであったという話を聞いたことはありましたが，現在の第一線図書館でこうした運営がなされているとは驚きでした。これでは利用が伸びるはずがありません。問題はこれに矛盾を感じず，どこの図書館も同じだと思っているところでした。

　そこでまずやらなければならないと思ったことは，三木の図書館の現状を数値的にしっかりと把握すること，それと「公立図書館の役割」を職員に理解させること，それに誇りの持てる仕事ができるように図書館学の実力をつけさせ，信念を持って行動することにあると思いました。

　研修を始めるに当たって，「職員の研修で抑えておかなければならないこと」[59]という雑文を書き，これを三木の図書館職員に就任の挨拶代わりに配布しました。そこに挙げたのは，

1．あなたの勤める図書館のサービスの現状を把握していますか。それぞれの全国平均値を知っていますか。
2．利用者の実態を知っていますか。日常的に利用しているのは市民の何％ですか。どの範囲からですか。
3．図書館ではどのような本が使われているか調べたことがありますか。利用

者の要求と違った本ばかり集めていませんか。
4．収集方針，選択基準はきちんと検討されたものですか。
5．他の図書館でどのような運営がされているか知っていますか。
6．公共図書館の役割は何ですか。利用のされ方が変わってきているのを知っていますか。旧態依然の図書館観ではありませんか。
7．おかしな図書館員の様子を挙げました。こんな図書館員になっていませんか。サービス精神が欠けていては，図書館員として失格です。
8．図書館の理念に反する，おかしな意見に反論できる力をつけよう。

…などでした。だが説明だけでは納得してもらえないことも分かってきました。

　そこで次は，他の図書館（茨木市・三田市の図書館）を見学したり，見学を薦めたりしました。また私の撮影したスライドやビデオを見せて活動を紹介したりしました。関東・三多摩地区の著名な図書館，最近話題になっている活発な図書館，アメリカの公共図書館の様子，それにテレビなどで取り上げられた図書館の様子を録画で見せたりもしました。

　こうしたものによって，図書館発展の歴史，先進図書館の様子，時流に乗って宣伝はされているが取り入れてはいけない図書館活動，おかしなマスコミの主張などを解説し，各自に考えさせました。見せるのは読ませる以上に説得力があるようです。

　図書館の役割については，「こう考えているうちは図書館に発展はない」というテーマで具体的に解説しました。

　「図書館は良書を厳選して置くところだという主張があるが，図書館は何が良書で何が悪書かという判断を下す権限は持っていません」「図書館は個人で買えない本を置くところだという主張があるが，住民は書店と図書館をどう使い分けているか知っていますか」「貸出が多いことは無料貸本屋になることだという主張があるが，貸本屋は読みたい本を保障してくれますか」「複本は購入せず，利用者を待たせたらよいという主張があるが，読みたい時に提供せずに効果が期待できますか」「予約は過剰サービスだという主張があるが，利用

者の求める資料を確実に保障する制度なのですよ」「図書館の使命は文化の保存にあり、将来の読者に蔵書を残すことが重要な役割であるとの主張があるが、保存はすべての図書館に課せられたことなのでしょうか。読まれない本を購入した時の言い訳に使われていませんか」などなどを詳しく解説し、それに加えて、こうしたおかしな意見はどこから来ているのか、日本の図書館界に大きな影響を与えたアメリカの図書館発展の歴史などを話しました。

　図書館は何をするところかについて、茨木市立図書館の職員研修では、『公立図書館の任務と目標』を講読しました。これが茨木市の職員の図書館観を変え、職員の意気込みを育てたと当時の職員は言ってくれますが、三木市の場合は、図書館の管理者としての館長もいます。経営上の相違点も多くありました。相談がないのに露骨に提案もできません。そこで、具体的な事例をもとに、図書館観の間違いを教えることにしました。このことについては後で詳しく述べますが、170にも及ぶ資料を配布しました[60]。「どこがおかしいか」を知り、「こう言われた時にはどう反論するか」の技術を磨くためです。「理論武装」です。
　三木の職員からの手紙に「この一年間は、私にとって勉強になることの連続でした。勉強会で先生が教えてくださることは、実践に役立つことばかりで、今まで何を勉強して、図書館の何を見て仕事してきたのかと、自分の無知さが恥ずかしくなりました。先生からいただいたたくさんの資料は宝物です。これから迷ったり、困った時読み返したいと思います。三木市立図書館は、やっと本来の図書館のあるべき姿としてスタートしたばかりです。『図書館は皆さんの読みたい本を集めてくる窓口』なんだということを忘れず、より利用してもらえる図書館になるよう、みんなで力を合わせてがんばっていきます。」とありました。
　図書館職員ならばいつも顔をつき合わせているだけに、図書館の役割も教えられるし説得もできますが、一般市民の図書館観を変えるにはどうすればよいか。これも私にとって大きな課題でした。それで、キャッチフレーズと接遇で意識を変えようと思いました。

新しい図書館観で一番変わった点といえば、予約制度です。その昔、神戸市の東灘図書館で使っていた「図書館は皆さんの読みたい本を集めてくる窓口です」を表面に出して宣伝すれば、図書館観を変える効果が生まれると思いました。このキャッチフレーズが図書館の変化を利用者に知らせるのに効果があったと思います。

　館内にこのキャッチフレーズを大きく書いて掲示しました。宣伝用のビラもたくさん作り、カウンターに置きました。階段の一段一段に「本は予約できます」「インターネットでも」「図書館にない本でも」という文字を貼ったりしました。これらは命ぜられたからでなく、職員の自主的な行為から起きていきました。予約件数は６月以降激増しました。予約制度による市民の意識の変化が、市民の図書館観を変えていきました。

　リクエストによる購入冊数の制限も撤廃されました。それにインターネット予約の奨励も掲示されました。「図書館にない本でも予約できます」「インターネットでも予約できます」「図書館を使い倒す」「ちょっと気になる返却本」などといったポスターの掲示が、柱や壁に貼られました。書架を配置換えし、新刊書を入口近くに並べ、気軽に利用できる雰囲気づくりを行いました。利用者の図書館観を変えるには予約制度の徹底しかない、といった意気込みからです。館内は見違えるように明るくなっていきました。

　もう一つは、住民にも図書館の役割を正確に理解させることです。誤解の多い図書館の役割を一つ一つ訂正していく仕事です。三木市では、「住民の声を聞け」ということがよく言われましたが、そこで言う住民の声とは、数人の地元の有力者の声であることが多いのです。逆らわずにいれば波風が立たず、よいと思われているようでした。そのためおかしな意見がはびこっていました。

　図書館経営で大切なことは、住民の声に従えばよいというものではありません。それよりも図書館員として、図書館はこうあるべきだといった主張をすることの方が重要です。「住民から要求があっても学習室はつくるべきでない」と言い続けられてきたように、専門職として言うべきことは言う姿勢がなければならないのですが、専門職制度が確立されていなかった三木市では、住民の

声に逆らってきちんと反論する力も雰囲気もなかったのです。事なかれ主義が，公務員として「住民の声」を隠れ蓑に責任逃れをしていたのです。図書館協議会も館長の諮問機関という性格のものではなく，形式上の組織でした。

　図書館がどうすれば活性化するかということも，具体的に指示が出せず，目標数値を挙げて叱咤激励しかできません。これでは成果につながらないのも当然のことです。

　先に行政当局が考えるおかしな施策の話をしましたが，図書館界でも公共図書館を実際利用したことがないと思えるような一部の図書館学者がいます。そこでは現場を意識しない空論や机上論で業績をつくったり，時流に乗った軽薄な意見が論文として横行しています。

　だが図書館の現場では図書館に勤める以上これだけのことは知っておいてほしいといった切実な願いのようなものがあります。こうした問題には，具体的な事例から判断する方が力がつきやすいと思います。

　林望など作家・文化人の一部の複本批判は図書館の役割を知らない主張です。三田誠広などの公共貸与権の理解の仕方もおかしいです。高山正也が『図書館雑誌』に書いた「図書館は無料貸本屋か」[61]の論旨はおかしいです。知的自由の問題に関連しても，船橋西図書館蔵書廃棄事件についての経過と判決，熊取町立図書館の除籍図書の問題についての判決など，図書館人として真摯に学ばなければならない課題です。『僕はパパを殺すことに決めた』[62]の閲覧制限の可否の問題[63]も，「少年法61条　実名報道」「児童ポルノの利用制限」[64]も。またマスコミ報道の信憑性の問題も。NHK「クローズアップ現代」で取り上げられた町田市立図書館の複本購入に対する批判と図書館側の反論[65]。「選書ツアー」の実態と問題点。個人情報の漏洩と住民基本カードの活用。休館日の廃止の効果と問題点。指定管理者制度の実態と何が問題か[66]。蔵書の紛失[67]とその対策。利用者登録情報盗難事件[68]。出版界と図書館の論争など様々な事件があります。それをどう解釈し，相手を納得させるにはどういう説得の仕方が有効でしょうか。

　職員研修ではこうした問題を個々に勉強しました。特におかしな文献を批判

することは、非常によい勉強になるものです。例えば三田誠広の『図書館への私の提言』[69]や佐野眞一の『だれが本を殺すのか』[70]と、田井郁久雄の『図書館の基本を求めて』[71]を読み比べてください。その主張がどんなに根拠のないものか理解できるはずです。

　単行本ばかりではありません。雑誌、新聞にはそれ以上のおかしな意見が掲載されます。「脱貸本屋を目指す図書館」「外部化で変わる公立」[72]という見出しを付けて、「〇〇支援」や委託を「進んだ図書館」として紹介している新聞もあります。図書館の役割を誤解したものはよくありますし、数値が正確でない主張も多くあります。日ごろ関心がないと、それが見抜けないものです。町田市のホームページに載ったNHK「クローズアップ現代」に対する図書館の見解[73]などよい勉強になります。東京都のホームページに載った石原知事の定例記者会見での発言[74]など、嫌になってしまいます。毎週の研修会にはそうした日ごろ見落とされがちな資料も取り入れ、配布しました。その資料だけで170近くにもなりました。図書館学のテキストに載るような記事や論文ではありませんが、問題点がはっきりしているだけに、非常に勉強になると思っています。

　研修会の対象が図書館に勤務する職員であるだけに、概論や机上論では納得しません。となると、教えるのではなく「あなたならどうする」といった答えを求めることになります。職員研修には、こんな姿勢が必要ではなかろうかと思います。職員間で話し合い、日ごろの疑問が解消されることになれば成功です。研修会も最後の方になると、配布した資料についての解説を職員に担当させました。担当した職員は資料を精読し、関連文献を探し、自分の意見を付けて発表するようになりました。研修内容だけではありません。今担当している仕事についての疑問や問題点を文章にするようになりました。学校図書館の支援を担当している職員は「三木市の学校図書館と公立図書館の学校支援サービス」という論文まで書きました。これまでの学校派遣で見えてきた学校図書館の現状と問題点を整理したもので、三木市の学校図書館は図書館として機能しているか、機能している図書館とはどのようなものかなど、公立図書館の学校支援のあり方について詳細に研究しています。このほかにも公民館図書室の利

用状況と紛失本の分析や，資料費の寄贈を受けている「長治文庫」の選書と利用を考えた意見を提出した者もいます。

　改善を主張するには，口頭でするよりは文書にした方が職員共通の意見に持っていくことができるものです。私が神戸市立図書館に就職した頃，志智嘉九郎館長にこっぴどく学ばされたのが，達意の文章の書き方でした。自分の意見をまとめ正確に伝えるには，書くということは重要です。論文を書かせたのもそんな気持ちからでした。「公立図書館の学校支援サービス」の論文など，ある団体から勉強会に使わせてほしいといった依頼がありました。

　今の三木市立図書館にはまだ解決しなければならない問題が山積しています。職員からの改善の提案や問題提起も多く出されるようになりました。今私は言うべき立場にありませんが，図書館の管理職は，職員の意向を尊重し，職員のやる気を崩さないように願っています。

　こうした資料を配布しながら，いつも思っていたのですが，図書館学教育ではこうした図書館の現場で起きる具体的な事例に対応できる知識を教えているのでしょうか。

　受講生は公立図書館を使っていますか。公立図書館に行ったことのない人が教科書の知識だけで司書になってはいませんか。今の公立図書館がどのような利用のされ方をしているか学生は知っていますか。大学図書館の利用のされ方と同じだと思っていませんか。その内容と役割の違いを話すことができますか。浅はかな思いつきで時流に乗った施策を提言していませんか。今の行政当局の図書館に対する指導理念の動向は基本的に正しいと思いますか。自治体の財政状態が悪いので仕方ないとお思いでしょうか。

　「今後，私たちは与えられた環境は厳しくとも，みんなで協力し，できるだけ利用者が使いやすい運営をおこなっていきます。為政者のほうではなく，いつまでも利用者の方を向いていたい。」これは三木図書館の職員の書いた文章の一節です。

参考文献というのもおかしいですが，この研修で常時座右に置いて活用したのは下記の文献です。

『本をどう選ぶか：公立図書館の蔵書構成』[75]
『こうすれば利用がふえる：公立図書館の経営』[76]
『公立図書館の役割を考える』[77]
『図書館の基本を求めて』[78]
『公立図書館の任務と目標　解説』[79]
『図書館の自由に関する宣言　解説』[80]
『図書館の自由に関する事例33選』[81]
『図書館ハンドブック』[82]

などです。

また，よく引用した筆者は，田井郁久雄，山口源治郎，塩見昇，馬場俊明，前川恒雄，土居陽子，伊藤昭治のものです。

最後に，図書館の場合，今月の目標などといった数値を掲げて叱咤激励しても，利用増にはつながりません。図書館の役割は何か，どうすれば住民によく利用されるか，その理念が職員に理解され，それが仕事に生かされなければ図書館は活性化しません。職員研修はこうした理念を職員間で共有する勉強の場です。現場の活動を尊重し，実務に役立つ図書館の理論を構築してほしいと思います。

第 3 章

館長の役割

図書館長次第で図書館は変わる

【初出:『談論風発』4(3), 2009.11, p.4-6.】

　図書館は館長次第で効率よく運営されると思いませんか。図書館が活性化しないのは,現在の図書館の役割・変化を理解できないでいる館長が,自分の昔の図書館観で運営しているからだと思いませんか。

　今の公共図書館は,昔と違って利用者は学生ばかりではありません。老人も含めた一般市民がよく利用しているところです。それに図書館員が選んだ良書を読ませる施設ではありません。

　「図書館は利用者の読みたい本を集めてくる窓口です」とキャッチフレーズを変えるだけで図書館が活性化することをご存知ですか。図書館の大きな変化に気付かず,行政職あがりの館長が「思想善導」とか「良書厳選」を図書館の役割にしては住民が離れてしまいます。

　かつて滋賀県の図書館が,わが国の最先端の活性化した図書館をつくり上げたのは,全国各地の優秀な専門職の職員を館長に引き抜いたからだと思いませんか。このとき近畿はもちろん,全国から優秀な司書が引き抜かれました。

　引き抜かれた図書館にとっては,自館が見限られたと思ったかもしれませんが,優秀な職員を引き抜くことはそこの職員にとって見れば光栄であり,勉強し,いい成果を残せば図書館員として全国から評価されることであり,職員の励みになることです。そうではありませんか。

　また近畿では,経験を積んだ職員が出向などで一定期間館長として就任され,成果を挙げられたことがありました。大阪府立図書館からは栗原均さんが堺市立へ,西田博志さんが吹田市立,松原市立へ。大阪市立図書館からは三苫正勝

さんが八尾市立，枚方市立へ。このほかにも何人かの職員が派遣されて，図書館づくりを手伝い，皆，高い評価を受けています。最近でも猪名川町立の榎倉執子さん，滝野町図書館[83]の直井勝さんらは，共に兵庫県下では，1，2の成果を挙げておられます。

　3年前，私も三木市立図書館の図書館指導専門員を引き受け，図書館の体質改善の仕事をしました。『談論風発』にも書きました[84]が，委託になりかけていた古い体質の図書館を改善するために職員研修を行いました。兵庫県で最下位であった貸出が，今では当時の3倍になっています。図書館職員の意識が変われば成果は出ます。

　こうした意識改革は行政職の館長にできるでしょうか。具体的に述べてみます。古い図書館の経営体質との違いを指摘できますか。古い体質の図書館員に誤解されている「図書館の役割」を指摘できますか。これだけやれば利用が増えるといった具体的な内容を教えることができますか。公立図書館であるがため，してはならないことを確認させることができますか。利用者の期待に応えるため，押さえておきたい統計的な数値は何か分かりますか。図書館の姿勢を変えるために，どんなキャッチフレーズで進めるべきか考え，提案することができますか。

　それに最近図書館界で話題になっている事例の問題点と解決策の正確な判断と指示ができますか。例えば，「作家・文化人の複本批判の矛盾点」「公共貸与権についての作家たちの誤解」。知的自由の問題に関連しては「船橋西図書館蔵書廃棄事件の判決と敗訴になった理由」「『僕はパパを殺すことに決めた』の閲覧制限の適否」などなど，行政職の館長に期待できますか。最近は図書館の役割など考えることなく，上層部から降りてくる行政の意向を執行するだけの仕事になってはいないでしょうか。例えば「ビジネス支援」などはいかがですか。

　私が図書館に就職した時は，就職と同時に図書館の研究会に入りました。上司に勧められたのですが，私も司書として当然のことと理解しました。館長を

始め，上司からいろいろ指導がありました。その多くは，大学の講義と違った実務に即したものだけに，新鮮であり，専門職としての力が目に見えてつくと実感しました。今皆さんの図書館で，館長や上司からこうした指導を受けていますか。

「図書館経営に司書としての専門的な知識はいらない」と，司書資格のない館長がほとんどですが，これでよいのでしょうか。少し前までは，館長になると，司書講習に行く人が多くいましたが，今はほとんどありません。図書館法で義務づけされてはいませんが，講習を受講することによって，何が問題なのかぐらいは分かるようになると思います。

図書館の自由に関する問題の事例など，正確に判断できない館長が多いのは困ったものです。図書館の責任者がこれでは困るのです。

図書館員の専門性を評価しない行政では，予算が多ければ，それに比例して自然に利用が伸びると簡単に信じてはいませんか。図書館の活性化は図書館費の額によって決まるものであり，誰が経営しても変わるものでない（比例するものだ）と思っていませんか。だが現実はそうではありません。

図書費が多くついた時など，誰も読まない高価な専門書を買っている図書館もあります。そこにはそれなりの理屈があって，図書館の蔵書は個人で買えない本を置くのだといった根拠からです。専門職がいないと，何の矛盾も感じず，こうした選書が実行されます。

同じ予算で非常に経営に差が出ていることを知っていますか。図書館費が同じでも貸出が20万冊と40万冊くらい差のある図書館があるのをご存知ですか。その原因を調べてください。何が悪いか分かるはずです。これも館長の仕事のはずです。

予算が少なければ，その中で最も効率をよくする運営の仕方を，日ごろの体験から考えだすのが専門職の力だと思いませんか。専門職を評価してください。

司書の皆さんも，「少ない予算の中で，私ならこうする」という提案をしたいと思っていませんか。行政職の館長も，そうした提案を呼び起こし，活用す

る度量を持とうとは思いませんか。力量のある専門職の提案は大きな変革をもたらすものです。

　マスコミが飛びつき，評価する記事は，ほとんどが中身のない大衆受けのする内容です。行政から来た館長はそうした記事に騙されてはいませんか。作家や文化人や新聞記者などの意見にも，信頼できないものが多くあります。図書館界の常識がまだ理解されていないことも多くあります。それに館長には首長とか議員さんたちの思いつきを強制されることもあるでしょう。それに惑わされてはなりません。
　行政側の意見としては，例えば「寄贈本を歓迎し，個人名を付けた"文庫"を奨励してはどうか」とか，矢祭町の「もったいない図書館」を評価し，「こうすれば図書費が少なくてすむ」とか。「誰にでも利用できるようにするために休館日をなくせ。開館時間を延長せよ」とか。「住民基本カードで貸出すれば利用者は増える」など，よく言われる提案です。しかし，いずれも少し勉強すればその効果が分かる愚論です。一見，市民受けするような内容ですので動揺しがちですが，効果のないことはすぐ分かることです。
　行政職から異動してこられた館長の方々は，まず首長や議員さんのおかしな論旨の間違いを指摘できる力をつけてほしいものです。
　首長や議員のおかしな主張などは，その場で指摘すればそれ以上進展しないで収まる内容のものです。それができず，自分の不勉強を棚上げして，「司書が反対するので困っている」と，できない理由を司書のせいにして，上司に報告したりしていませんか。そして従わない専門職員を視野を広げるためと称して行政部局に異動させたりしていませんか。どこから来られようと，新任館長としてはせめて『公立図書館の任務と目標　解説』[85]『図書館の自由に関する宣言　解説』[86]『「図書館員の倫理綱領」解説』[87]，図書館法くらいは読んで，内容を理解できるようになってほしいものです。

　館長ばかりではありません。職員の中にもおかしな図書館員もいます。まさ

に「役所」の感覚です。住民の望むことでも仕事が増えることで猛反対する。規則，規則と言い立てて利用者の言い分を切り捨てる。新しい仕事には手をつけない。今まで続けてきたということだけで，意味のない仕事を続ける。自分ではこうすべきだと思っても，職場で叩かれるのを恐れて意見を出さない，などです。まさに昔の役人の感覚です。もっと悪いのは，上司の意向を汲んで，「図書館が活性化することは市の財政にとってよくない」などと言う者もいます。そんな職員が広い視野に立った職員だと評価されてはたまったものではありません。どうしてこうなってしまったのでしょうか。

「図書館はこうあるべきだ」と口角泡を飛ばした情熱はもう期待できないのでしょうか。この原因はどこから来ているのでしょうか。おかしな時代になったものです。

館長が館界をリードしていた時代がありました。私が勤めだしてからでも大阪府立図書館の中村祐吉，京都府立の西村精一，徳島県立の蒲池正夫，滋賀県立の小林重幸，神戸市立の志智嘉九郎，尼崎市立の山下栄館長などが図書館界の指導者であり，権威者でした。少し時代が下っても，大阪市立中央図書館の森耕一，滋賀県立には前川恒雄がいました。今はどうでしょう。全国的に見ても館界をリードしている館長はすぐに頭に浮かんできません。多くが行政職あがりだからでしょうか。これでよいのでしょうか。

図書館が教育委員会に属している関係から，定年前の校長や教頭が館長として回ってこられることがありました。今すぐ図書館関係者から館長の輩出が難しいならば，他部署からの新任館長には，就任後，司書の資格を取るようにお願いしたい。館長の図書館についての見識が住民の信頼を呼ぶことになります。法律で義務づけされていないから習得の必要はないというのではなく，利用者・住民から信頼されるために，図書館学の知識を学んでほしいと思います。

言うまでもないことですが，すべての無資格館長がそうだと言っているわけではありません。すばらしい運営をされている館長もおられます。また有資格でも評価できない館長も職員もいます。それも分かった上で，あえての苦言です。

館長資格の質的側面

【初出：『図書館界』49(2), 1997. 7. p. 59.】

　地方六団体地方分権推進本部の提言[88]もおかしな議論である。うがった見方をすれば，首長などが自分の気に入った人を館長にしようと思っても資格がないためさせられないとか，自分の意に添う運営をしようと思っても，何やかやと規制があって思い通りにいかない。そうした苛立ちが法批判をさせているのではなかろうか。

　館長が専門職でないことで，より市民ニーズにあった柔軟な運営が可能であるという意見もある。しかし専門職でなかったからこれだけのことができた，といった具体的な事例で示さなければ，納得できる話にはならない。

　首長がよく言う言葉に「特色ある図書館づくり」というのがあるが，これもその多くはかけ声だけで霧散しているとも知らずに，同じような実態のない主張がくり返されているのだ。

　これまで国庫補助を取るために館長に資格を取らせたが，それが終わると無資格の館長を送り込むことがよくあった。それでも誠実な館長は通信教育や夏期の司書講習で資格を取り，専門職に負けない運営をした。

　ただ問題なのは，まったく文化行政と畑ちがいの人の派遣である。話しづらい事例であるが，無資格の館長に悩まされた経験を話したい。

　その人が言うには「私が館長に任命されたのは，専門職の職員に勝手な主張をさせないために派遣されたのである」と公言し，「司書講習の受講などしても何の役にも立たない」という。司書の知識などは知っていて悪いことでもないのに「知ることは相手の土俵で相撲をとるようなものであり，相手の主張を認めることになりかねない」というのだ。

そこで，その館長は，資格を取ることを放棄して，自分の図書館観を振りまくようになった。「図書館は学生のためにあるのだ。図書館から席借りをなくしてはいけない。世間は図書館をそんなものと思っていない」「学生を相手にした昔の図書館運営なら，図書館費も少なくてすんだ。図書館サービスが広がることは市の財政にとって悪いことだ。貸出を増やそうなどといった認識を変えねばいかん」「相互貸借など過剰サービスである。しかも地方自治法に反する」と言い，活発な活動をしている特定の図書館を名指しで「この図書館とは相互貸借をするな」と。

また，「予約制度などは図書館の主体性を欠くものだ」と言って，買わせないようにした。障害者サービスなどにも冷たく，障害者の利用が理解できない様子であった。また，図書館は社会教育機関として市民を善導するところ，といった考えがあり，「反社会的な本は購入すべきでない」といって購入許可の印を押さなかった。推理小説も図書館に置く本ではないと言い，自分の主観で本を切り捨てていた。「図書館の自由に関する宣言」も日本図書館協会が決めたもので，自治体が拘束されることではないと言い切っていた。こうした館長とつきあった苦い経験がある。

この話は毎年，司書資格を取る学生に最初に話すことにしているが，なかには「図書館学を学ばなかったら，旧い図書館観のままだった」と感想を述べる学生も少なくない。

まだ多くの人に，図書館は「良書」のみを収集すべきだ，良書だから図書館で購入されているのだ，と思われているようである。大切なのは，図書館は何が良書で何が悪書かという判断を下す権限を持っていないこと。所蔵しているからといって，その図書の主張を公認しているわけでも評価しているわけでもないこと。図書館は市民の知る権利を保障する機関であり，何かの権威のシンボルでもないこと。図書館によって提供される資料の価値判断をするのは，利用者自身でしかあり得ないこと。図書館に多様な資料が集められるのは，市民が自由に判断が下せるようにすることにあること。今，図書館に求められている役割は，かつてそうであったような，思想善導といった目的で特定の価値を

市民に植え付けていくことではなく、あらゆる見識を収集して提供することにあること、等々を知ることである。

　こうした事柄を、資格のない館長はどこで学べばよいのだろうか。館長が司書資格を取るのは、こうした理念を正確に知るのに必要だからである。

第 4 章

実務に役立つ研究を求めて

業績づくり

【初出:『図書館界』55(2), 2003.7, p.61.】

　最近大学では教員の業績を提出させているところが多い。それでも教員の方はまだよい。業績がないことで多少肩身の狭い思いをしても,それで食べられなくなるということはない。しかし大学院生となると大変である。その業績が就職を左右することになるのだから。こうした事情もあってのことか,学会の発表など,ほとんどが大学院生で占められ,その動機は売込みであるようだ。

　研究誌などへの投稿論文はまだよい。おかしなものを載せれば編集者の見識が問われるし,査読がある。だが口頭による発表などは,ほとんどが申告すればできる。それに内容も詳細に公表されることがない。文字になれば後々まで責任がついて回るが,口頭発表はその点,恥をかくことは少ない。そのため,「問題意識が希薄なもの」「図書館で働いている人が何の興味も示さないもの」「奇をてらうだけのもの」「単に過去の成果をまとめて解説しただけのもの」「先行研究を調べていないか,または無視したもの」「ただ外国事情を紹介しただけのもの」などが大手を振ってまかり通るのである。

　参加者も「何が言いたいの」「この人公立図書館を利用したことがあるの」「それを調べてどうなるの」「それって研究と言えるの」など陰口をたたきながら,発表とは大体こんなものだと諦めている。

　こうした発表に対しては,参加者からの質問も少ない。内容が難しくて理解できないからではない。質問する気力も起こらないからだ。わたしは参加者が反応をしないことに参加者の良識を感じることさえある。質問して,これを評価していると思われたくないといった気持ちからではなかろうかと。

　パソコンを使った発表のテクニックだけは進んだ。短い時間に多くのことを

話そうと思えばこれも一つの方法だと思うが，しかし内容が伴っているとはどうしても思えない。口述部分が省略され，十分に推敲されたものとは思えないからだ。

　日本図書館研究会は，これまでも研究者だけではなく，現職者の研究を大切にしてきた。それだけに現職者の参加も多い。現職者は，日ごろから人前で発表する機会が少ないので，発表のテクニックは幼い。しかし内容については，利用者と向き合っての視点があり，実務に支えられているだけに研究者の意識より先行した現実的な論点がある。机上で図書館政策を考えるのではなく，日常業務の中から苦渋に満ちた選択をし，実践をしているのである。それだけに，研究者と違い，空論では遊べないのだ。だからこういう意見もこういう意見もあるというのではなく，少なくともこうあるべきだというような論旨に立ってしまうものだ。現職者のこうした主張も理論として尊重してほしい。

　図書館学は実学である。いくら大学の研究室に閉じこもっての研究であっても，社会に貢献するものでなければ評価の対象にならないし，自己満足に過ぎない。現職者に認めてもらえるものでなければ研究も生かされないだろう。

　今は大学院に入るよりも図書館に就職する方が難しいご時世である。司書職制度を採用しているところでは，優秀な職員が採用されてきている。わたしはこうした現職者が地に着いた研究を発表するようになれば，図書館学の研究が進むのではないだろうかと，その方に期待する。

　図書館学は，本を読めば何でも教えられると思われがちなところがある。図書館経営論でも学校図書館のことでも，経験したことのない人が平気で教えているこの頃である。こうしたものの中には現職者にとって耐えられないものもある。図書館の世界も移り変わりが激しく，それだけ現場に即した知識が要求されてきている。研究者志望の人も象牙の塔からだけではなく，図書館でひと夏でもいい，図書館実習を経験して，カウンターで感じる感触を研究理論に生かしてほしいと思う。

　日本図書館研究会も日本学術会議に加盟していることもあって，研究職の人たちの投稿も増えてきている。それだけに敢えて言う。「役に立たねば学問で

ない」と。

公立図書館の施設を考える

【初出:『公立図書館の思想と実践』森耕一追悼事業会編・刊, 1993, p. 203-215.】

はじめに

　新しく図書館を建てると，どこでもそうであろうと思うが，見学者が殺到する。茨木市でも多い月には500人もの見学や視察の人が来館してさまざまな批評をする。
　こうした批評の中には，反省させられる指摘もあるが，多くは自分の考えが先にあり，それにあっているかどうかで称賛になったり，批判になったりしているようである。
　図書館を建てる立場でいえば，どのような図書館をつくりたいかの理念が先にあり，その理念を建築に生かすために，設計者に細部まで注文して建てるわけであるが，図書館の理念の違う人からの批評にはどう対応していいのか，とまどうことが多い。
　図書館は学生の行くところと思っている人に学習室がないとか座席の数が少ないとか批判されても，見解の相違で仕方ないことである。視聴覚資料を図書館に置くべきでないと思っている人に，視聴覚資料のことで批判されても仕方がない。
　そうした人たちに誠実に対応するには，私たちはどのような図書館をつくりたかったのかを説明するのだが，図書館の理念とでもいった基のところで考え方の違う人には説明し納得してもらうのは難しい。
　視察にこられる建築関係の人たちは，やれ空調がどうの，換気がどうのと機械室を見たがるが，どのような図書館にしたかったのかといった「理念的」なことを聞こうとする人はほとんどない。聞いても仕方がないと思うのであろう。

これまで図書館員には，建築のことは分からないといった考え方が，図書館員の側にも，また行政の側にもあって，図書館側の意見が建築に生かされることが少なかった。その結果，建築家の独走を生み，これまでの図書館建築への反省が生かされないまま設計された例も少なくない。

　独断専行タイプの建築家を案内する時は「建てる時は図書館の人たちの意見を聞いてあげてください」というのだが，使い勝手より他所にないデザインを夢見ているのか，ほとんど聞く耳持たぬ態度であり，むなしさが残る。

　自治体関係者の視察も多いが，ここでも理念より建築技術のことが優先されるためか，技術畑の人が多い。「建築は私たちの仕事だ。図書館の人にいろいろ言われる筋合いはない」といった態度であり，ついてきた図書館職員が小さくなっている。小さい自治体ほどその傾向が強いようだ。

　また，新しい図書館なのに部屋の配置がおかしかったりすることがある。「どうしてこうしたのだ」と尋ねると，「いくら言っても建築課にきいてもらえなかった」という。本気で建築課と折衝したのかの疑いもあるが，図書館側の力量のなさもはがゆい。これも強いて言えば，図書館側にこうしなければならないといった理念が希薄だったからであろう。いずれにしても，図書館の理念に違いのある人に理解してもらうのは容易なことではない。

　また見学者の中には，些細な事柄を図書館の本質的な欠陥のように指摘する人がある。図書館づくり運動をしている人に多い。おそらく尊敬する先達の意見を鵜呑みにしてのことであることは容易に想像できる。「どちらかといえば，この方がベターではないか」という言い方ならば，そうせざるを得なくなった事情とか，そうする方がよいのだという理由を説明できるが，５％程度の短所を50％以上に言い，それだけで欠陥建築のように言われるとついていけなくなる。本人は自分の知識を披歴しているつもりだろうが，大所高所から考えられないのであろうか，困った指摘である。

　運営の仕方についても，人手がないためにやむを得ず行っているものもある。こうした運営の仕方も，当事者と部外者では意見が違うし，部外者にはなかなか理解されないものである。

今回は公立図書館建築について気になることを述べてみたい。

1．よごれの目立たない建築にしたい

　数年前に脚光をあびていた図書館が，見る影もなくなっていることがある。外壁は排気ガスでよごれている。館内の壁にはセンスのない貼り紙が貼られ，薄汚い。まさに，はやらなくなったスーパーマーケットを思い出させる。そんな図書館にしないための構造的な知恵はないものか。

　前川恒雄が日野市立中央図書館の設計を依頼する時に掲げた「歳月を経るほど美しくなる建物」である。

　外壁は掃除をすればすむことで，丸の内の大企業のビルなどは白いタイルであっても汚れが目立たない。定期的にみがかれているのであろう。しかし地方自治体では外壁の掃除など常に後回しになり，そんなに容易なものではない。

　となると「歳月を経るほど美しく」とは，よごれの目立たないデザインということになる。レンガが好まれるのもそんなところではなかろうか。

2．学習室はいらない

　茨木市立中央図書館では利用者が激増している。特に40代の男性が多いのも特徴の一つである。この原因は，学習室（自習室）をつくらなかったからだと思う。

　学習室ができれば学生が占拠し，一般の人はなかなか入れない。また学習室をつくることによって，図書館は学生の行くところだといったイメージがつくられる。それがこわい。

　行政当局は，図書館のこれまでのイメージから，学習室をつくらないと図書館は閑古鳥が鳴く施設になるのではないかと心配するようであるが，その心配はない。新しい図書館運営の姿勢があれば，一般社会人にも十分使える図書館にすることはできる。

　よく誤解されるのであえて言うが，「図書館では座席をなくせ」といっているのではない。図書館の資料を使って調べものをするために席は必要である。

特にこれからの公立図書館では，一般社会人が仕事のために使うビジネス・ライブラリーの役割を受け持たねばならないだろう。そのためにも，調べもののできる席は必要である。

　学生に限ったことではないが，グループで来て話し合い，まとめたいことがある。しかし，一般の席にはそうした話し合いのできる機能を持たせていない。アメリカの図書館では，タイプライターを打つ人のために遮音した部屋を設けているところもある。茨木市立中央図書館で「グループ学習室」を設けたのは，少人数の読書会や勉強会など話のできる席として活用してほしいからである。こうした機能をもった部屋は，中央館規模では必要に思う。

　学習室のようなところでは，一般社会人が入りにくいこと。図書館資料が充実すればそれを使って調べものをしたい人が増えること。そうした人たちの期待に応えることが，図書館に求められていることを知ってほしい。

3．子連れの人にも来やすくするために

　土曜日，日曜日のカウンター前は，スーパーマーケットのレジのようである。「静かな」とか「文化的な」といった雰囲気はない。嬉々として気に入った本を探している様子は百貨店の特売場のようである。それだけに，家庭婦人が子ども連れで来ても気兼ねせずいられるのであろう。そういった雰囲気を大切にしたい。その演出の一つにBGMがある。BGMについての風当たりは，今はほとんどなくなってきている。誰でも来ることのできる図書館にするには，こうした演出も大切である。子どもたちが行きたくなるような図書館をつくりたい。

4．館内で居心地をよくするために

　天井が低いと押さえつけられた気持ちになる。天井を明るくすると部屋全体が明るく感じる。天井にも光が行くようにしたい。天井が暗いと手元の照度が十分であっても陰気になる。

　ラウンジを広くすると音楽会などができる。図書館全体に音楽が鳴りひびく

さまはよい。廊下など絵のかけられる場所を多くとる。これは予想以上に館内をなごませるものである。喫煙，飲食ができるところも必要である。長い時間図書館で過ごすには大切な場所である。

先日地元の新聞で，梅雨時こそ魅力を増すスポットを募集したところ，「雨の日は図書館日和」と図書館の利用をすすめた投書があったが，図書館は居心地のよいところでなければなるまい。

5．児童室は2階でもよい

茨木市立中央図書館で見学者が一番疑問に思うのは，児童室を2階に置いたことのようである。人によってこれだけで欠陥商品のように決めつける人もいる。

広い建築面積がとれる時は全部を1階に集めればよい。しかしそれができない時に何を2階にもっていくかを考え，児童室にしたのである。その理由を述べてみたい。

1) 最近の図書館の利用者層は児童が主流ではない。運営の仕方によっては一般成人の利用者が多い。成人向きの資料を階で分割するのはよくないと思ったこと。

2) 土曜日，日曜日以外の児童の利用は午後に入ってからである。メインフロアー(1階)にはより多くの職員を配置して対応すべきであり，時間的に利用が限定される児童室を2階にもっていくことによって，カウンターの人員を有効に配置することが可能になること。

3) 2階にあがることによる身体的な負担は高齢者の方が大きい。児童は2階に行くことにさほど負担を感じていない。また転倒など階段をあがることによる危険も，高齢者に比較して少ない。茨木市立中央図書館ではまだ転倒者は一人も出ていない。

4) 児童が大人に気兼ねすることなく動きまわることができる。

5) アメリカ大都市の公立図書館で2層になっている図書館では，多くは2階が児童室である。利用者の数からそうした配置になっているようにも思

える。

以上の理由から，児童室は1階でなければならないと決めつける必要はない。

6．身体障害者に対する施設の対応

公の施設の場合，自治体では建築指導要綱があったり，利用しやすくするための基準を設けたりしている。図書館建築の場合もこれに従うのは当然であるが，図書館独自のもので疑問に思うものも少なくない。例えば次の事柄である。

1）書架間隔は車椅子がすれ違う幅が本当に必要なのか。

　車椅子が書架の間をすれ違うことは，現実にどの程度あるのかということ。おそらく皆無といっていいと思うし，たとえあったとしても少し待ってもらえば解決する事柄である。書架間隔が広いということはそれなりによいことではあるが，すれ違う幅があることが絶対条件ではない。

2）誘導チャイムはどれほどの効果があるのか。

　交差点での誘導チャイムと違い，図書館の玄関を知らせるチャイムは必要だろうか。

3）点字ブロックは利用者が行くところすべてに必要か。

　館内を利用するのに点字ブロックが効果をあげていることは少ない。視覚障害の人が来館した場合は市民の方か図書館員が介添えするためであろうが，あまり活用されているようには見えない。点字ブロックはカウンターまであれば十分ではなかろうか。

4）スロープは有効か。

　北九州市立図書館(1974)，都立江東図書館(現・東京都江東区立江東図書館)（1976），東京都港区立みなと図書館(1979)など，車椅子での非常時避難までも考えてスロープを設けたところもある。しかし非常に多くの面積を必要とするということもあって，その後普及してはいない。これは本当に有効なものだろうか。

　身体的なハンディキャップのため図書館の利用が阻害されてはならないという考え方が浸透し，障害者の読書環境を整備する館が増えてきている

が，絶対に必要なものと，不必要だというのではないがそんなに有効と思われないものとがある。それらを混同しないようにしたい。

　施設，設備を改善すれば，図書館員は何もしなくてよいという問題ではない。障害者には図書館員の介添えができる運営の方が大切だと思う。

　点字ブロックをカウンターまでしかつけていないのも，そうした考え方からきている。

7．カウンターのあり方について

　古い図書館ではカウンターは狭く，貸出・返却・書庫出納のいわゆるカウンター業務だけをする場所であった。仕事のメインはカウンターでの貸出返却であり，事務室はカウンターから離れたところにあり，カウンターから下がった時の休憩の場でもあった。

　カウンターの内容が変わったのは貸出が増えたこと，予約サービス，レファレンス・サービスが入ってきたこと，図書館職員のサービス意識が向上したことであろう。そしてカウンターの裏の見えるところに事務室を置き，カウンターが忙しくなればすぐ飛び出せる態勢をつくった。

　アメリカの分館規模のところでは，貸出返却のカウンターが玄関近くにあり，そこには専門職ではない職員が貸出・返却の事務をしている。専門職（司書）は児童室とか成人図書室にデスクを置き，レファレンスとかインフォメーションといったプレートを置き，利用者に対応していることが多い。

　日本でもこの方式の採用を話題にすることもあるが，まだ実現された話は聞かない。形だけまねても，そこに座る職員が確保されなければ意味はないし，またいつも空席であったりしては逆効果である。少なくともカウンターにはいつも誰かが張り付いており，書架案内などに飛び出さねばならない時には補充ができる態勢が必要である。

　アメリカの図書館活動すべてが目標といったものではない。またよいと分かっていても，職員数，予算の関係でできないものもある。取捨選択したうえで，真似たりするわけである。職員数など限られた中ではカウンターの職員数

を増やすことは難しいのが現状である。アメリカでは，専門職に誰でもできる仕事をさせるのはおかしいといった問題もあるやに聞くが，日本での専門職（司書有資格者）は買い手市場である。同じ一人を採用するならば有資格の方がいいといった程度の身分である。

8．レファレンスの行方

これまでのレファレンスは，書誌検索とクイックレファレンスが主流であった。クイックレファレンスは漢字の読み方とか，関ケ原の戦があった年とか，小泉八雲が日本に帰化した年月日などといった雑多な質問である。そしてその多くは，資料を求めるよりは回答そのものを求めている。

図書館の利用が広く市民のものになるにしたがって，こうした質問は増えていくと思われる。アメリカの公立図書館では，回転式の書架のまわりに，いく人もの職員が放射線上に張り付き，電話でのレファレンスに応えているが，こうした施設が必要になってくるのではなかろうか。ただ心配なのは，こうしたクイックレファレンスを優先させると，職員は参考資料をまわりに置きたがり，ともすると電話でのレファレンスを口実にして，参考資料の一般閲覧を締め出したりする。参考図書を開架にし，誰もが閲覧できるようにすることがレファレンスの改革の第一歩である。

これまでのレファレンスは，調査研究といっても，対象があまりにも漠然としていたが，これからのレファレンスは成人を対象にしたビジネス・ライブラリーではないかと思う。クイックレファレンスでは，辞典，年鑑，統計書などいわゆる参考図書を集めておけばよかったが，ビジネス・ライブラリーではこれに加えてダイレクトリー，商品カタログ，電話帳，株式資料，法規類，政府刊行物，国勢調査資料，議会議事録類，新聞（一般紙および各種業界紙），ビジネス関係の雑誌とインデックス，各地の地図（住宅地図）を集めなければならない。

これまでの図書館では，仕事に役立つ資料の収集もなかったし，図書館自体が成人有職者に期待もされていなかった。しかし最近の中年層の利用傾向をみ

ると，有職者をレファレンスのターゲットにもってきてもいいのではないかと思う。

　茨木市ではこうした動向を展望して，新聞社のデータバンク（日経テレコン）を採用したが，迅速に質問が処理できて好評である。

　こうしたデータバンクは使い方によって経費がかさむ。茨木市では，カウンター内に置いて利用者に代わって職員が使うようにしている。利用について個人の秘密が守れないのではないかといった問題もあるが，使いなれていない利用者が自分で検索するとなると時間がかかり，経費がかさむ。無料を維持しようと思う時のやむをえない対応である。

　次に書誌検索であるが，従来の図書館のシンボルでもあったカード式の閲覧目録は影が薄い。施設で目録ケースの占める位置が大きかっただけに大きな変化である。コンピュータの利用者端末が幅をきかせているが，機械になじめない人もいるだけに，これだけでこと足りるといったものではない。

　図書館の書誌検索機能面での変化は，その図書館の所蔵の有無だけでなく，どういう図書が出版されているか，というように全国書誌が求められてきつつあることである。これは「読みたい本がない時は予約してください」といった予約制度の普及と，それを可能にしている図書館間の相互貸借の影響からであろう。

　そのためには全国書誌が探せる書誌コーナーが必要となる。図書館の側でもJ-BISC[89]が必置となってきつつあることは言うまでもない。

9．視聴覚資料

　図書館の資料は図書のみではない。視聴覚資料は図書館資料の中で図書と並ぶ重要な資料である，と一般論として言われていても，ヤングアダルトのための資料のような受けとり方をされていた。しかし茨木市立中央図書館で視聴覚資料の年齢別利用統計を見ると，必ずしもそうなっていない。中高年層に広がっていることが分かった。そこでまずヤングアダルトが対象という意識は変えなければならない。

次に貸出効率が高いということである。ビデオは現在約3,300点所蔵しているが，図書館に残っているのは100点ほどで，3,200点ほどが常時借り出されている。CDは13,000枚あるが，そのうち9,000枚は借り出されている。複製絵画も480点の内430点が借りられている。ビデオと絵画で9割以上が借りられている。これは所蔵の点数が多くあっても配架スペースは意外に少なくてすむということである。

現物を配架するか，空箱を書架に並べ現物はカウンター内に置くかによって職員の労力の差は大きいが，紛失の危険は大きいと予測されるので，現物配架には踏み切れないでいる。

またレーザーディスクも送り出し方式にしている。これも手間がかかるが，機械の破損は少ないようである。視聴覚資料は，その利用の仕方で図書館の配置計画も変わってくる。送り出し方式にするか利用者が自分で操作するかによって職員の労力も違う。視聴覚資料は図書館になじみのなかった人を呼び込むことに効果があるだけに，利用者のよく見えるところに設けたい。

映画会などの開催は，図書館のイメージを変えるのに役立つ。職員の労力をかけずに効果が上がるものの一つである。

10．書架について

図書館では家具が建築と一体をなすものであることは，かなり認識されてきているが，まだ世間的には家具は家具，建築は建築，と分けて考えられることが多い。図書館建築は家具が入って図書館となるのであり，家具がなければ体育館と変わらない。家具がいかに大事かを常に主張しつづけなければならない。

例えば書架についてみると，以下のようになる。

1）書架の奥行きはあまり深くない方がいい。少しくらいなら飛び出していた方が，本が利用者に呼びかけているようでよい。

2）表紙を見せる配架をできるだけ可能にしたい。そのためには，背板は必要であり，傾斜書架もよい。

3）「背板のある書架では，その書架の向こうが全く遮られてしまい，閉鎖

的な空間になってしまう」という意見もあるが，背板がないと本が落ちることが多い。「本の向こうに本が見える」というのも好みの問題である。

4）書架は垂直がいいか，裾広がりがいいか，よく話題になる。垂直の場合は最下段は立っては見えない。裾広がりの方だと書架間隔が狭くなる。途中で固定されている棚板がある時などは融通がきかなくなり，1段が無駄になることもある。書架などその使い勝手が図書館員には分かるだけに，図書館の実務者がもっと関わった方がいいように思う。

11. 忘れがちな設備

1）女子トイレの中に男の子用の小便器を置くとよい。日ごろよく言われておりながら忘れやすいものである。お母さんが子どもを連れてくる時によく使われる。

2）ベビーベッドのようなものはトイレにも必要である。子どもをおぶってくるお母さん用にである。

3）トイレの中の物置台，よく戸板に吊るすようになっているところがあるが，吊るすよりも置台の方が使い勝手がよい。

4）トイレの中はよく落書きされるものであるが，その対策として落書きしにくい壁か落書きが消しやすい材質の壁にするかである。私は後者をとる。落書きは残しておくと増えるものである。

5）絵画の展示は気持ちをなごませるものである。ピクチャーレールはできるだけつけたい。

6）喫煙場所と換気の工夫が十分でないところが多い。タバコのにおいが館内に充満しないようにしたい。

7）返却ボックスも少し工夫をすると，本が痛まないで落とすことができる。また運び出すにもよい方法がある。図書館では相当のウェイトをおく仕事であるだけに，今一つ検討を要する。

8）ヘッドホンの故障は多い。これからはヘッドホンを使わなくてもよい方法（座席の背に設けるなど）が考え出せないものか。

9) 表紙を見せる絵本架は効率がよい。一般成人図書も含めて，表紙を見せる配架を考えてもよい。
10) 子ども用の冷水器の飲み口が高い位置になっていないか。踏み台は好ましくない。またトイレの便器が子どもでも使えるようになっているか。
11) 車椅子用のトイレの鏡は傾斜しているか。
12) 書庫の中に，資料を分配したり選択したりするための机があると便利だが，そうした机は置かれているか。
13) 今日返却された本のコーナーは広くとってあるか。職員の数が少ないと書架への返却が難しくなる。今日返却された本のコーナーは，よく借りられる本のコーナーでもある。職員の返却労力を減少させるのによい。
14) 床の段差はいかなる場合でも許されない。段差はないか。
15) 観音開きの戸は危険である。たとえ透明のガラス窓があっても好ましくない。

12. 設計入札は避けたい

　設計入札は，手術をするのに医者を集めて，一番安く手術をすると言った人に手術を委ねるのと同じである。

　だが，この悪弊も簡単には断ち切れない。というのも，地方公共団体の契約は原則として競争入札によるべきだとされているからである。もっとも，設計上経験・知識を特に必要とするような特殊な設計を委託しなければならない事由があるときは随意契約が可能だとされているが，図書館建築がこれに該当するのだという説明も難しく，納得されにくい。

　図書館の設計は建物のプランだけでなく，家具や調度など一体のプランであるから，利用状況など詳しい知識が要求されるとか，モジュールに特別の配慮が必要であり，基礎的な知識の蓄積がないと，図書館機能にマッチした建物を建てることができないなど，具体的に事例をあげて説明するのだが，原則論にこだわって理解されない。そういった具体的な事例は，図書館員が入札で決まった設計者に言えばいいのではないかといった感覚である。「図書館建築の経験

のない設計者に、すべての事柄について指摘し、注文するのだが、理解してもらうのはそんなに簡単なことではない」「図書館建築を手がけ、一定の評価を受けている建築家なら、その点の理解も早く、それを正確に受け入れ、設計に反映してくれるように思う」などと口角泡を飛ばして主張するのだが、「それはお前がやりやすいというだけのことではないか」といった反論になる。

「日本図書館協会の建築賞を受賞した公共図書館の設計に、競争入札で建てられたところはない」とか、競争入札の結果からおこる憂慮すべき事例を紹介して力説するのだが、そんなにむきになるのがおかしいといった顔をされる。

新設される図書館も多い。だが、中には過去の経験や蓄積が生かされていないところもある。多分競争入札の結果だと思う。図書館の設計者を選ぶ時の図書館職員の責任は大きい。

公立図書館を市民のものにするもう一つの試み
― 志智嘉九郎の目指したレファレンス ―

【初出:『いま,市民の図書館は何をすべきか』前川恒雄先生
古稀記念論集刊行会編,出版ニュース社,2001,p.174-189.】

　この論文を書かねばと思ったのは,志智嘉九郎のレファレンスについての誤解を解きたいと思ったことと,『市民の図書館』[90]以前に公立図書館を市民のものにしようとした志智嘉九郎の先駆的な試みを評価したいためである。

　志智嘉九郎については薬袋秀樹の実証的な報告がある。また北原圀彦,石塚栄二,伊藤松彦が高く評価した論文を発表している[91]。

　しかし一方には,「貧弱な図書館予算のなかで,レファレンスを重視したことは,大図書館はともかく,中小図書館にあっては,逆に住民から遊離する結果となったといえるだろう。図書館サービスの基本は,何よりもまず豊富な資料の提供(貸出し)であり,このサービスを基礎にして,レファレンスが有効に展開されるのである。この当時は,この一番大切な基礎が出来ていなかった。従って多くの図書館がこのサービスに取りくんでみたものの,努力のわりには市民の生活に浸透しなかった」[92]といった批判もある。

　公立図書館活性化の政策論としての主張ならば,そうした意見もあろうということで終わるが,これが「古今東西森羅万象わからないことは何でも一応図書館へご相談を,と市民に呼びかけ,華々しいサービスを展開したのである。これがサービスの方向を模索していた全国の図書館を刺激し,多くの追随者を続出させた」と書くと,この批判は志智嘉九郎を指すことになる。

　志智もこのことを気にして『りべる:黎明期の参考事務』に詳しい反論を載せている[93]。志智の疑問は,第一は貸出が基礎となってレファレンスが有効に展開するという因果関係についてである。志智の意図には,図書館が辞書の代わりをしましょうというのであって,レファレンス・サービスは貸出と何の関

係もない仕事もあるということ。第二は「基礎である貸出が充分行われるようになってから，レファレンスをやれ」ということに対してで，「貸出が充分とは何をさして充分というのか。それはいつになったら出来るのであろうか。それまで待てというのか」ということである。第三の疑問は「レファレンスを重視したことは中小図書館にあっては逆に住民から遊離した結果になった」というくだりである。志智の主張には，図書館と住民との間に距離がある。それを近付けるためにレファレンスをやろうという主張であり，それが住民から遊離した結果になるとは，どうした現象を指していっているのか疑問であるというのだ。間違った回答ばかりして利用者に愛想を尽かされない限り，レファレンスを重視したため図書館が住民から遊離するという主張は納得できないというのである。

　志智はレファレンスを重視するあまり，他のサービスを軽視したわけではない。『公立図書館の任務と目標』（1989年確定公表）[94]第15条の図書館サービスのところに「図書館サービスの基本は，資料提供である。そして資料提供は，貸出とレファレンス・サービスによって成り立つ。貸出とレファレンス・サービスは不可分のものであり，レファレンス・サービスに力を入れるあまり，貸出を軽視してはならない」という文章があり，それに対しては「そうあらねばならんと一安心」[95]と述べている。

　『任務と目標』で「レファレンス・サービスに力を入れるあまり，貸出を軽視してはならない」という文章をあえて加えたのは，最近の動向として「貸出だけでは虚しい」とか「貸出の増加は単純労働的な事務の増加となり，専門職員の能力の無駄遣いではないか」「レファレンスに力を割いても評価されないのではないか」といった貸出軽視の意見を危惧しての文言であったが，志智はそれは納得できるのである。

　志智が標的になったのは，レファレンスイコール志智嘉九郎といった見方からかもしれないが，この批判はあたらない。何故かといえば，それは志智のレファレンスと20年後のレファレンス重視の傾向とを同一視しているからである。

　筆者は1958年に神戸市立図書館に勤務し，志智のもとでレファレンスを担当

した者として，当時志智から学んだものがいかに図書館を市民のものにする活動であったかを知っている。それだけにこの誤解は解きたいと思う。

志智は貸出を軽視していたのではない

　志智は貧弱な予算のなかで，図書館を市民のものにする試みとして，レファレンスを重視したのであって，貸出を軽視していたわけではない。「貧弱な図書館予算の中にあって，比較的経費を要せず，図書館人の努力によってある程度の成功を収める可能性があるからである。しかも図書館と社会の結びつき，図書館を住民の生活に喰い入らせる有効な手段となりうる」[96]と考えて実践したものであって，レファレンスはその手段として採用したのであり，レファレンスのために特に金をかけたわけではない。

　レファレンスの PR を活発に行なった1951年前後の貸出冊数は，表1のように決して減少しているわけではなく，団体貸出なども増加している。

　貸出もレファレンスの件数の増加も，志智の図書館 PR によるところが大きい。当時，志智はラジオなどで伊吹武彦氏らと座談会をもったりして，積極的に図書館の宣伝をしていた。彼の言葉では「PR なくして存在なし」と。

　1951年ごろの図書館予算は1333万円で，それなりにあるように見えるが，内容を細かく分析すると，その60％は人件費で，資料購入費は僅か11％という実に貧弱なものであった。『書燈』1951年5月号に「金がほしい」[97]というエッセイを書いているが，予算面では全然ゆとりがなく何一つできない窮屈なものであったと嘆いている。言うまでもないことであるが，当時の図書館利用状況は学生が80％を超えるものであった。しかもその多くが席借りであった。貸出が基礎で，そこからレファレンスの要求が生まれ，拡大するといっても，それは貸出がある程度一般化して初めて言えることであって，当時はまだそんな時代ではなかった。志智は図書費の増額に奮闘するが，志智自身も学生しか利用しない図書館では増額は難しいと感じ，もっと誰もが使う図書館にしなければならないといった思いがあった。

　志智は「貸出の増加によってレファレンスが幾らか増加することはあり得

ことではあるが、同時にレファレンスによって貸出が増加することも充分あり得る。[中略] 台所に這い出るナメクジはどうやって退治したらよいのかなどという質問は貸出とは何の関係もないものだ」[98]と主張するが、志智の本意は図書費の少ない今、図書館を市民に根付かせるにはレファレンスを普及させるより方法がないのではないかというところにあった。

表1　館外貸出・団体貸出冊数

年　度	館外貸出冊数	団体貸出冊数
1948	7,681	11,940
1949	9,035	17,850
1950	7,305	11,490
1951	14,232	16,260
1952	13,903	18,900

『神戸市立図書館60年史』[99]より

志智のレファレンスは研究者を対象にしたのではなかった

　志智がレファレンスに力を入れたのは、公立図書館と一般市民との距離があまりにも遠すぎる、社会教育機関でありながら、実は社会と遊離して学生の勉強場にすぎないという現状から抜け出したいというところにあった。そして一般市民に役立つものでなければ図書館の発展はないと考えていた。財政当局も、学生の勉強場であるという認識しかない。自治体の長が図書館をつくる時も、今のように一般住民が図書館を利用するようになったから図書館を建てねばならないといった動機からではなく、「俺が首長の時につくったのだ」と後々の自慢のためであって、建てねばならない必然性に乏しいものが多かった。

　志智は、図書館が本当に発展していくためには、何としても住民が図書館を必要とするようにならねばならない。そして必要度が高くなればなるほど、自治体の首脳がいかに図書館嫌いでも、これに力を入れざるをえないであろうと考えた。だからレファレンスの対象に考えたのは、図書館の利用習慣のない人たちであり、大学生や研究者を対象にした高度なレファレンスではなかった。

そして一般にクイックレファレンスと呼ばれている簡易な質問や市民の日常生活における疑問に答えることに力を注いだのである。

　志智はよく「食卓に広辞苑，書斎に世界大百科」と言っていたが，これは分からないことがあればそのままにせず，まず辞書を引け，ということで，辞書や百科事典のない人たちのために，図書館のレファレンスが辞書の代わりをしようというのである。参考図書解題のようなことをレファレンスの表面に出さなかったのは，こうした人たちを対象に発言する場合，難しいことは不適切だと思ったからである。

　「レファレンスを重視したことは，中小図書館にあっては逆に住民から遊離した結果になったといえる」という指摘は，その後の中小図書館のレファレンスが志智の対象とした一般の人たちではなく，またクイックレファレンスでもなく，文献検索，書誌解題，研究者にも応えられる高度なレファレンスを指向したためではないかと思う。志智の目指したものとは違うことを認識してほしい。

　志智がレファレンスの対象にしたのは，第一は自分の求めている事柄が自分でもはっきりせず，したがってどんな書物を見たらよいか見当もつかない人たちである。比較的教養の低い人たちに多いが，教養のある人でも自分の専門外のことや，日常の仕事に無関係なことになると，しばしばこういう状態になることがある。「比較的教養の低い，図書館などにおよそ縁の遠かったこの種の人たちに，図書館を利用させるようにするには，reference service 以外にないと言っても過言ではない。この種の人たちは平素読書ということもあまりしないであろう。従って，読書施設としての図書館はこういう人たちにとっては無縁の存在であったわけである。読書をせず，読書の習慣を持っていない人たちであっても，日常生活をいとなみ，いかなる職業にしろ仕事を持っている以上，何かにつけ疑問が起こるはずである。しかしながらこの人たちは疑問が起こっても，疑問を解決する手段をもっていないのである。百科事典を見たこともない人だって多いにちがいない。この種の人たちが図書館の reference service を知ったならば，これ以上その人たちのよき相談相手はないであろう

し，図書館の側から言っても，こういう人たちの間にその活動を展開して行くことこそ，図書館が住民の生活の中に入って行く最善の手段であるとも言えるのである」。こうした方向に活動を展開していって，初めて地域社会のインフォメーション・センターとしての図書館の役割が果たせると言えるのではないか。レファレンス担当職員の心がけも，このへんの認識から出発しなければならないと説いた。

　この文章は『レファレンス・ワーク』の回答事務のなかの「応対上の注意」[100]で筆者が分担して書いた内容であるが，志智の考えを踏襲したものである。

　第二に対象としたのは，来館が困難な遠隔地の住民，有職者，主婦，老人，病人であった。志智は遠隔地の市民が図書館を利用する場合どれほどの時間と金がかかるかを調べ，こういう市民も税金を払っている，図書館を利用する権利を持ち，図書館からサービスを受ける権利をも持っている。だが，それらの人たちが図書館からどんな利益を受けているのか，また図書館がなし得るサービスは何かを考えた。1951年8月に設置されたレファレンス専用電話は，そうした人たちへのサービスがこめられていた。

　来館が困難な人々に対して図書館がなし得るサービスには，一般的にいって多くの分館を設けること，移動図書館を巡回させることなどによって図書の貸出を拡大することが基本であることは十分認識していたが，それは言うはたやすいが簡単に実現できるものではない。それに，たとえ分館や移動図書館の設置が進んでも，レファレンスの必要性が減少するものではない。老人や病気で入院している人たちにとっては，分館ができても図書館に来館することは不可能であろう。志智はそこも視野に入れていた。志智のレファレンスが資料を提供することを原則としながらも，なお「軽微な質問であって資料の裏付けのあるものに限り」質問に対して回答そのものを与えることができるとした理由がそこにあった。「資料は探してやるから取りに来い」と言える対象ではなかったからである。

　第三には利用法が未熟な人たちである。一般利用者は図書館の図書検索法に未熟であることが多い。そのため開架書架であり直接本が探せる状態であって

も，分類，著者，書名，件名の目録を揃えていても，なおかつ希望する本が見つからないことはありえる。開架書架に行っても何を見ればよいのか，夥しいカードを前にしてどう検索をすればよいのか分からない。物を調べる場合は本を探す場合よりも難しい。図書館にそれらの資料がないのならば致し方ないが，資料はあるのである。資料はありながらそれに到達し得ない。この状態を放置してよいのか。こういう場合，図書館員の助力によって，資料と利用者は結びつく。その助力がレファレンスであり，レファレンスは図書館に来ることができる人であっても，利用法が未熟な人には必要だというのである。

　志智はこうした事例を単に机上で考えたのではなかった。すべて実際の仕事の中から訴えたのである。

　志智には『空論集』[101]という著書がある。この第一部は図書館に関する雑文である。随筆でもなければ論文でもないから雑文としか言いようがないと彼自身序文で述べているが，志智は空論屋ではなかった。この『空論集』も，神戸市の図書館職員が常々「館長は空理空論ばかりやっている」と悪口を言っていたところから思いついて題名にしたと書いているが，「空論」は彼の自虐的表現であり，現実を離れて図書館業務の理想で遊ぶ人ではなかった。実務なしには理論はありえないという信念があり，レファレンスが多くの図書館で実施され，その経験をもとにして多くの人に研究されてこそ，理論にしても実際にしても前進すると考えていた。

　1953年5月号の『図書館雑誌』に，近畿地区の研究集会を評して「理論を余り軽視しすぎるのではないか」[102]という言葉がある。この研究集会はレファレンス・図書館財政・開架がテーマのワーク・ショップであったが，関西の図書館界の動向を批判しての言葉であった。図書館界には当時から理論，政策をもてあそぶ政策集団があった。志智には現実を離れて，図書館業務の理想的なあり方などということに興味がなかった。彼が一見保守的だとみられたのは，こうした現実超越派の人たちを常に批判していたからであろう。

ビジネス・ライブラリーへの先駆的な活動

次に志智が対象として考えたのが，資料室を持たない企業へのレファレンス・サービスであった。有力な銀行や会社には調査室や資料室があるが，一般の中小企業や神戸に多い貿易商などには調査室や資料室がない。公共図書館に求められるのは，こうした企業の資料室的な役割であるというのだ。当時，アメリカなどにあるビジネス・ライブラリーの話を彼からは聞かなかったので，志智の頭にアメリカのビジネス・ライブラリーの考えがあったかどうかは分からないが，活動自体はビジネス・ライブラリーのそれであった。

日本にもビジネス・ライブラリー的なものを有している図書館は存在する。たとえば愛知県立愛知図書館である。ここでは産業資料室[103]という形で設置されていて，資料は大きく"一般資料"と"特許資料"とに分けられている。

その利用の内訳を見ると，特許資料が全体の86％と多く，図書・雑誌の一般資料は14％にすぎないのである。こう見てくると，愛知図書館産業資料室はビジネスルームというよりも，むしろパテントルームと考えた方がよい。神戸市立図書館も特許公報類を所蔵し，戦後すぐの1947年には特許相談部が週2回開設され，弁理士会のメンバー数人が交代で回答にあたったが，これは数年で消滅している。

志智のそれは，こうしたパテントルームからの発想ではなかった。もっと単純に「図書館は何等かの形において住民の生活の中に牢固たる存在とならねばならぬ。レファレンスは（中略）職場に，工場に，事務室に，そして家庭の中に図書館が入って行き，多くの人々への直接の助力」[104]となることを狙ったのである。

今では全国の主要な図書館ならばどこにでも置いてある全国の電話帳などを集めたのも，神戸市立図書館が最初と言われている。当時の神戸の電話帳には「全国の電話番号をご覧になりたい方は，神戸市立図書館へ」と書かれるほどになっていった。電話帳だけではない。全国の県や市勢要覧・商工名鑑類・商工会議所刊行物・官報・県市の公報・主な官庁の刊行物・全国主要都市の市街地図・会社カタログ・営業案内・業界紙・専門紙・専門機関名簿・観光案内・

各種の名簿などである。

　まだ刊行される資料の少ない時代である。志智は職員に対しても「reference librarian は知識のモク拾いである，何でもいいから集めろ」[105]とハッパをかけていた。自館作成の tool にも新聞や雑誌記事から集めた「中小企業案内索引」「職業案内索引」「戦後国内重要ニュース索引」「社史目録」「国内研究機関案内記事索引」などや，照会するための「県下文化団体名簿」「県下類縁機関名簿」「各種相談所名簿」などをカードで作り，活用していた。

　どんな質問に対応したかは『レファレンス・ワーク』や『空論集』などに具体的に書かれているが，クイックレファレンスだけではなく，調べるレファレンスが，こうした企業からの質問に多かった。

　蛇足になるが，アメリカ大都市の公共図書館を回って感じたことだが[106]，公共図書館のレファレンスが主要な対象にしなければならないのは，学生や研究者のための文献検索ではなく，ビジネス部門への対応と思った。

志智は常に前向きであった

　それまでの図書館は，開架式にする方が利用者に便利であることは分かっていても，実施しなかった。これには会計法規上の問題が絡んでいたようだが，そうした障害を打ち破っても利用者のためにやろうといった努力がなかった。図書館が財政的に恵まれず，住民へのサービスを充分やりたくてもできない，そのため有能な図書館人は，奉仕の仕事を嫌って分類や目録の研究に没頭した。著名な図書館人はほとんどが整理技術の専門家になっていった。神戸市立図書館でも図書館学校出は整理係に配属され，奉仕係で働くものは「本出し」と呼ばれ，一段低く見られていた。目録なども，利用者のためというより"目録のための目録"という傾向が強かった。志智が改革しようとしたのは，利用者に背を向けるこうした図書館を，利用者に目を向けた前向きの図書館にしようとしたことである。開架書架にしても，志智にとって最初の大きな仕事であった[107]。1949年に開設した公開図書室は，全国で最初の大規模な試みであった。もっとも神戸市立図書館では，創立当初から細々と試みられたり，廃止されたりして

きたが，志智によって初めて定着したといえよう。この利用の様子は，NHK で全国放送されたようである。また1958年に開館した神戸市立長田分館は，書庫のない全面開架の図書館であり，施設の面でも注目を集めたが，これも志智の意向であった[108]。

　保存図書館の提言も，これまでのような保存が図書館の役割だからという主張からではなく，存在価値を失った本を抱え込み，蔵書が何万冊，何10万冊ということだけを誇りにしていることを憂いての発言であった。日本を七つのブロックに分け，その各ブロックに一館づつ保存図書館をつくったらどうかと提案し，国立図書館は東京に一館あればよいというのはおかしい，各ブロックに一館の国立図書館を望むと発言している[109]。レファレンスの PR についても，志智は「古今東西森羅万象，分からないことは何でも一応図書館へご相談を」と宣伝した。そのため，しばしば実行不可能な誇大宣伝だと批判を受けていたが，志智は行き過ぎを承知の上で宣伝効果を狙ったのである。行き過ぎになることを恐れて宣伝を控えるよりも，多少の行き過ぎを覚悟で宣伝する道を選んでいたのである。

　神戸市立図書館では国立国会図書館の印刷カードを購入していたが，閲覧カードとして使うのではなく，カード形式の全国書誌として活用した。これも書誌的な質問のうち比較的新しい文献に関する質問を解決するための tool として使ったのであり，図書の著者名の分かっている場合の調査，著者名の読み，書名の読みなどを確かめるには有効であった。これはレファレンスの実務から出た目的外使用とも言える使い方であった。

　また自館作成の tool も積極的に行った。当時は，日外アソシエーツのような書誌をつくる出版社は少なかった。書誌の出版の少ないわが国では，図書館が必要とする書誌は図書館が自分で作らねばならなかった。『戦後国内重要記事索引』などは３回にわたって刊行され，自館作成の tool を越えて利用された。こうした自館作成の tools は実に20種を越えていた。「文学関係叢書全集作品名索引」「週刊誌トップ記事一覧」「歌曲題名索引」「中小企業案内索引」「時事語索引」等々である[110]。

『全国公共図書館逐次刊行物総合目録』の作成の提案も志智である。国立国会図書館の『雑誌記事索引』で分かっても，論文掲載誌の探索が困難なこと，せめて近隣の図書館で所蔵の有無が分からないかということから出ている。このほか，類縁機関・相談所名簿などを作って，自館で処理できなかった質問を照会したり紹介したりした。相互協力のはしりであった。

　1960年12月，神戸の中心地，三宮駅前新聞会館内に三宮分館が建設された。現在でこそ利用者の動線を考えて駅前に建てるのが増えてきているが，この当時にはどこにもない発想であった。サラリーマン相手の貸出中心の運営であった。こうした活動は図書館を市民のものにしようとした志智の前向きの姿勢のあらわれであった。開架制の定着，書庫のない図書館の建設，保存図書館の問題，逐次刊行物目録の作成，駅前図書館の運営など，その後の図書館の発展には欠かせないものであるが，志智はこうしたものに既に着手していたのである。

さいごに

　神戸市立図書館の相談事務は，1911年の開館からその芽生えはあった。業務内容は，目録の案内，購入希望図書，研究資料の調査などが主なものであり，図書館員の好意的な利用者援助であったり，貸出係が相談係を兼務しての対応であったりした。1947年に読書相談所が開設されたが，これも閲覧用目録の検索が主な仕事であった。1948年に志智が館長に就任し，新しい相談部が発足した。そこでは「いかなる援助も惜しまないという姿勢がうかがえる」[11]と『神戸市立図書館60年史』にある。

　相談事務の件数を調べてみると表２のようである。

　1955年後半から，一般的利用案内・目録検索案内・宿題に関する応答・所蔵図書調査など軽易な質問・相談は統計上から除外され，主として社会人から寄せられる調査を必要とするもののみ件数に掲げることになったので，55年度以前の件数は別の視点で見なければならないが，それでも，専用電話が開設され「ダイヤルのなかの図書館」というキャッチフレーズで電話による図書館利用の手軽さが絶えずPRされた。その結果であろうか，60年から電話による回答

事務の処理件数が圧倒的優位を誇ることになった。これは市民の日常生活と図書館を結びつけようとする志智の施策を証左するものである。

表2　相談事務件数

年度	口頭	電話	文書	合計
1951	2,680	1,200	120	4,000
1953	29,750	12,620	170	42,540
1955	25,857	6,500	98	32,455
1957	598	821	145	1,564
1959	895	1,570	183	2,648
1961	1,164	2,026	122	3,312
1963	1,177	2,401	116	3,694
1965	1,426	2,452	90	3,968
1967	1,361	2,698	99	4,158
1969	1,769	2,638	99	4,506

注　1957年より会計年度　　　　『神戸市立図書館60年史』[112]より

　志智は何ごとも率直に言う人であった。疑問に思うことは黙っていなかった。それだけに"図書館法に対しての期待と挫折""入館料徴収の問題""図書館の自由に関する宣言""ナショナルプラン"等で保守的と思われる発言があるが，これもよく読むと付和雷同でなく，自分の分からないことは率直に問いただしたいという気持ちからであり，自分の発言に責任を持ちたいとする姿勢のあらわれである。

　志智は高い教養人であった。図書館界には限らないであろうが，往々にして実力のない人ほど上昇志向が強く，レファレンスについてもクイックレファレンスを軽視し，学者・研究者にも応えられるものへと向きたがる傾向がある。志智にはこうした背伸びはなかった。それは彼の自信でもあった。それが来館が困難な人，利用方法を知らない人，利用習慣のない人，資料室を持たない企業などのレファレンスに応えてこそ，住民のための図書館になり得ると言い切

らせたのだ。志智の後の公立図書館のレファレンスが住民の中へ入りきれなかったのは，クイックレファレンスを軽視したからではなかろうか。大学図書館でのレファレンスと公立図書館のレファレンスとは対象とすべきところが違うのに，大学のそれがより高いものと思わせたりした。それは，これまでもあった小図書館が県立図書館の整理技術を目標にしたのに似ている。

　ワシントン DC 中央図書館で見た電話によるレファレンス。丸い回転式の書架が中心にあり，その周りに数人の司書が座って次々にかかってくる電話に応答している。"コカ・コーラのカロリーは""コロンビア特別区の人口は""ある単語の綴りは"など，まさに神戸でやっていたそれである。残念なことだが，今のレファレンスは軽微なクイックレファレンスを評価していないのではないだろうか。予約図書が多いのは，選書が悪いのではなく，それに応えてくれることが分かって初めて増えるのであると同様，レファレンスも誰にでも使えるレファレンスがあることを知って増えるのである。神戸では学者や著名人のレファレンスも随分あった。新聞記者にも常連がいた。それに対しても充分応えていたが，基本姿勢は誰に対しても変わるものではなかった。

　図書館学は経験を基礎とする学問である。図書館学で追求される理論は，実務に役立つものでなければならない。理論は実務によって発展していくものである。日本の図書館学者には理論家が多い。またレファレンスをやったことのない人や，公共図書館を知らない人が，公共図書館のレファレンスを論じたりする。教科書も外国の教科書の翻訳であったり，実務に関係なく書ける基本参考図書の解題であったりした。志智はそうした傾向にもはっきりものを言った人であった。今でもその傾向は変わらない。志智嘉九郎にしても，前川恒雄の業績についても，分析するのはたやすい。しかし，時代を変える先駆的な仕事には机上では語れない多くの苦労がある。「図書館を市民のものにするもう一つの試み」と題したのは，志智の真意を知ってほしいと思ったからである[113]。

第 5 章

改めて図書館の役割を考える

改めて図書館の役割を考える

【初出：三木市吉川地区での三木市民を対象とした講演原稿。2007-2008年頃と思われる。場所不明。】

自己紹介

　私は神戸市立図書館に30年間勤務しました。その後，茨木市立図書館に呼ばれ茨木市立中央図書館の建設を担当し，館長をしました。あとで茨木の図書館のビデオを見せますが，26万人都市で現在380万冊の貸出をする図書館にしました。そこでも古いタイプの図書館員に，今の図書館はどうあるべきか，意識を変えてもらうのが仕事で，それは大変でした。

　その後阪南大学教授になり，図書館学を教えるようになりましたが，それまでも，非常勤講師などでは15ほどの大学で教えました。いずれも机上論でなく実務に役立つ図書館学を教えたつもりです。同志社大や京都精華大など10年以上も行ったところもあります。

　図書館関係の学会では日本図書館研究会や日本図書館情報学会の理事，日本図書館協会の仕事では図書館政策特別委員会の委員として『公立図書館の任務と目標』，図書館の自由に関する委員会の委員としては「図書館の自由に関する宣言」の作成と解説をしました。

　三木市では断りきれない人に口説かれて，教育委員会の「図書館指導専門員」という名で，「図書館運営に関すること」「図書館司書の育成に関すること」などを指導することになっています。毎週水曜日に閉館後職員を集めて勉強会をしています。職員も真剣に勉強しておりますので，その成果は，図書館サービスに出てきていると思います。

三木市立図書館に来て

　正直言って，今どきこんな図書館があったのかと驚きました。まさに30年以上前の図書館が引き継がれていました。図書館の役割も旧態依然としたもので，利用も少なく，貸出率（人口一人当たりの貸出冊数）は２冊で，全国平均の２分の１，兵庫県でも下から２番目というものでした（全国平均は4.5冊）。公民館図書室に行くと，住民からの要求ということで学習机を置いていました。何とかしなければと思いましたが，図書館の役割は席貸しだと信じているようでした。職員の，また住民の意識を変えるのは大変なことです。始めから図書館をつくるのであれば簡単ですが，何年も続いている古い図書館観を変え，新しい図書館の役割を教え，改善させるのは容易なことではありません。

　図書館を「良書を読ませるところ」「住民の買えない高価な本を置くところ」「席を貸すところ」といった意識でいては，住民に見向きもされなくなります。そこで，何とかして新しい公立図書館の任務と目標を教えなければならないと思いました。

　図書館内では，まず，「図書館は皆さんの読みたい本を集めてくる窓口です」「読みたい本が貸出中のときは予約することができます。図書館が持っていない本は，購入したり，他の図書館から借りるなどして，できるだけ皆様のご希望にお応えします」というビラを作らせ，それを配布し，図書館サービスの転換を図りました。

　そのためだけではありませんが，昨年度などに比べると50％近く，貸出が伸びました。この方針は続けなければいけません。

　図書館は「知る自由の保障」機関であり，読みたい本を提供する「予約制度」があり，図書館の利用のされ方が変わってきました。

　「インターネット予約」という言葉をご存知ですか。家から読みたい本が予約できる制度です。予約はここ数年どんどん増えています。茨木市立図書館や，予約貸出率が非常に高い目黒区の1999年度と2007年度を比較すると表１のようになります。

表1　目黒区立図書館，茨木市立図書館の貸出点数・予約件数

		1997年度	2007年度	増加割合
目黒区	貸出（千点）	2,642	3,756	1.4
	予約（千件）	287	1,119	3.9
	予約貸出率	10.9%	29.8%	2.7
茨木市	貸出（千点）	2,716	3,991	1.5
	予約（千件）	107	475	4.4
	予約貸出率	3.9%	11.9%	3.0

1997年度予約件数は千件以下を四捨五入『日本の図書館』より

図書館の使われ方が変わってきたのです。

1991年以降，茨木市立では表2のように予約件数は増えていくのです。

表2　茨木市立図書館　予約件数（千件）

1991年度	1992年度	1993年度	1994年度	1995年度	1996年度	1997年度
26.0	41.6	61.9	75.8	96.6	97.5	106.5

1991～1994年度「茨木市立図書館要覧」より受付件数（小数点第2位以下切り捨て）
1995年度～　『日本の図書館』（1994年度実績分以前は統計項目に予約件数なし）

ちなみに三木市立図書館はどのような数値なのか紹介しておくと，表3のようになります。

表3　三木市立図書館

	2003年度	2004年度	2005年度	2006年度	2007年度
貸出（千点）	171	178	170	212	330
予約（千件）	4.9	6.2	8.0	9.7	26.6

『日本の図書館』より

今年度は予約も貸出も激増します。今の図書館はこんな状況です。

だがそうした考え方は、いつも図書館を利用していただいている人にはすぐ理解されるのですが、図書館を利用したことのない人には、古い図書館観があって理解されないようです。ですから、今でもどんな図書館が必要ですかと住民の声を聞くと「学生が勉強する学習室をつくれ」ということになります。

学習室が使われるかどうかではなく、そういうものが必要であろうといった机上論の趣旨からの発言です。皆さんの中にも「図書館に行ってくる」といって遊びに行った経験をお持ちの方も多いと思いますが、家に机のなかった戦後と違い、席借りが本当に必要な学生は多くありません。図書館の専門家は「席借りのみの自習は図書館の本質的機能ではない。自習席の設置は、むしろ図書館サービスの遂行を妨げることになる」と「公立図書館の任務と目標」（2004年改訂）16条で述べ、「図書館は図書館資料を活用するところであり、そのための席は当然必要であるが、席借りのみの自習は図書館の本質的な機能ではない。自習席の設置は、だれもが使える図書館の機能を逆行させることにもなりかねない。そのためたとえ住民から要求があったとしても図書館としては受け入れられない」と解説しています。そのため、最近の図書館は学習室をつくらないのが常識となっています。

そこで確認の意味で、昔の図書館観と、今の図書館の役割の違いを皆さんと一緒に考えてみたいと思います。

昔の図書館は国民の思想善導の機関でした。明治15年の「示諭事項」は「善良ノ書籍ハ乃チ善良ノ思想ヲ伝播シ、不良ノ書籍ハ不良ノ思想ヲ伝播スレハ、即チ其不良ナルモノヲ排棄シ、而シテ其善良ナルモノヲスルヲ要スルナリ。（略）不良ノ書ハ読者ノ心情ヲ撹擾シ、之ニシテ邪径ニ誘陥シ、遂ニ小ニシテハ身家ノ滅亡ヲ招致シ、大ニシテハ報国ノ安寧ヲ妨害シ、風俗紊乱スルカ誤スルガ如キ、其流弊タル実ニ至大ナリト謂フベキナリ」[114]と述べています。これが戦前まで続いた図書館の役割でした。

また図書館は学生の勉強の場でした。一般社会人の利用は少なく、家庭の主婦の利用はほとんどありませんでした。図書館は良書を読ませるところであり、

小説など個人で買える本は個人に任せ，個人では買えない本を置くところと思われていました。予約制度などはなく，図書館員の選んだ本を読むところでした。私が図書館に勤め始めた頃でさえも，私の読みたいような本は図書館にはないのだと，そんなに矛盾を感じず信じていました。

それに図書館は将来の利用者のために図書を保存するところという考えが横行していました。そのため，購入した本が今読まれなくても気になりませんでした。しかし，出版された時に読まれない本が将来読まれる可能性は少ないものです。「将来の読者に」という言葉は，これは図書館員の選書のまずさの言い訳に使われた言葉です。

図書館は静かに読書をするところでした。「ページをめくる音を気にする」とまで言われました。そのため，子ども連れで行ける雰囲気ではありませんでした。公園など静かなところに多くありました。

今の図書館は

住民の読みたい本を集めてくる窓口です。そのため予約制度が重視されます。リザーブもリクエストもできます。また，他の図書館の所蔵している図書は相互貸借で借りて提供することもできます。知る自由の保障です。「公立図書館の任務と目標」2条のそれです。

「2．住民は，あらゆる表現の記録（資料）に接する権利を有しており，この住民の知る自由を保障することは，公立図書館の重要な責務である。この責務を果たすため，公立図書館は，住民の意思を受けて図書その他の資料を収集し，収集した資料を住民に提供する自由を有する。住民の中には，いろいろな事情で図書館利用から疎外されている人びとがおり，図書館は，すべての住民の知る自由の拡大に努めなければならない。」

それにインターネット予約といって，家からも予約できる方法があります。

また将来の読者のために保存するのではなく，今生きている住民の要求を優先すべきである，というようになりました。ましてや読まれない本が図書館員のプライドのために置かれてはなりません。

図書館に行きやすくするため生活動線上に建てるとよいということで，駅前に建てられるようになりました。

　障害者にも使える施設になりました。少し前でしたら，健常者でも利用しないのに障害者の利用などあるはずがないといった考えが多かった。多文化サービスといって，在日外国人に対しても資料を提供するようになりました。

　このように変わってきているのを三木市民の方はご存知でしょうか。新住民の多い青山公民館図書室ではこの傾向が見られています。

これまでの三木の図書館は

　三木の図書館はその切り替えができず，井の中の蛙であったため，世間から遅れてしまっていました。その実態を紹介すると，人口一人当たりの貸出冊数は2.0冊（全国平均は4.5冊），年間の蔵書の回転率は1.1回で，読まれない本ばかり買っていました。

　蔵書の内容を見ると，驚くものでした。政府刊行物の大量購入，全集類の購入，参考図書の購入など，読まれない本を購入し，魅力のない蔵書になっていました。県立図書館にあればいいような難しい本，非常に高価な本を買って，今の三木市民の読んでいる本とかけ離れた選書をしていました。これでは図書館が利用されるはずがありません。そのため，基本的に図書館の役割を考え直す必要があると思いました。サービス面でも非常に遅れていました。他の図書館のサービスの状況を知らなかったのです。

　館内を明るくし，サインを書き直し，選書の仕方を注意し，接客態度を検討しました。ほんの少しの努力で館内の雰囲気は変わるものです。

　だが昔ながらの感覚をお持ちの住民の方からは，図書館についての要望には旧態依然のものも多く，どう説得すべきか戸惑うこともあります。

　そこで今日は，皆さんを洗脳するつもりはありませんが，図書館の役割を再確認し，市民にとって使いやすい図書館を一緒に考え，皆さんに図書館の支援者になっていただきたいと思い，図書館の役割を話すことにしました。

はじめに，「こう考えているうちは図書館に発展はない」といった趣旨で図書館の役割をチェックしてみたいと思います

皆さんはこう考えていませんか。

1. 「図書館は"良書"を厳選して置くところだ。だから図書館にある本は良書である。良書だから購入している」と思っていませんか。

    しかし図書館は，何が良書で何が悪書かという判断を下す権限は持っていません。また所蔵しているからといって，その図書の主張を公認しているわけでも，評価しているわけでもありません（オウム真理教の本も置きます）。

    図書館は市民の「知る権利」の保障機関であり，情報公開の最先端なのであって，何かの権威のシンボルではないのです。だから図書館によって提供される資料の価値判断をするのは，利用者自身でしかありえないのです。図書館に多様な資料が集められるのは，利用者が自由に判断が下せるようにすることに図書館の役割があるからです。だから，今図書館に求められている役割は，かつてそうであったような思想善導といった目的で，特定の価値を市民に植え付けていくことではなく，あらゆる見解を収集し提供することにあるのです。世間ではマスコミも含めて図書館にこんな本も置いていると非難がましく言うことがありますが，これは図書館の役割を理解していない行為です。

    施政者の，また，図書館員の読ませたい本を読むところにしないでほしい。利用者自身の読みたい本のあるところが，利用される図書館になるのです。

    児童書も含めて，図書館の書架から，特定の本を取り除く運動に加担しないでほしいです。それに子どもの読書を制限できるのは親だけであり，それも自分の子どもだけである，ということを知ってほしいです。

    アメリカ図書館協会は「図書館の権利宣言　解説」で「図書館員と管理機関は，図書館資源へのアクセスを子どもに制限する権利と責任を持つのは親 — 親だけ — であり，それも自分の子ども — 自分の子どもだけ — に対してであると主張すべきである」と述べ，ある資料に自分の子どもをアクセスさ

せたくないならば，親が自分の子どもにそのように助言するべきである旨，主張しています[115]。以前，京大の森耕一先生とアメリカを回った時，「子どもの読書に責任を持つのは親か教師か図書館員か」という質問をどの図書館でも尋ねました。一館として図書館員だという返事はありませんでした。

　図書館員の選ぶ本と利用者の読みたい本に違いはないですか。一度も読まれていない本を分析してみると分かります。最近はコンピュータでその分析もできるのです。貸出されていない図書を分析してみてください。

　昔はよく「こんなに一生懸命良書を選んでいるのに利用しないのは利用者が悪い」などという言葉も聞きましたが，これなど自己満足だけの行為です。

2.「図書館の運営は税金で賄われている。したがって図書館には税金で買うにふさわしい本を置け」と言って小説などを置きたがらない図書館もありました。

　これもおかしい。税金で買うにふさわしい本とはどんな本か。ふさわしい本だと誰が決めるのでしょうか。質の高い本でも誰も読まなかったら，その値段に相当する価値はありません。図書館員が読み使うべきだと思うような資料ではなく，利用者が実際に読み使う資料を収集することです。心理学の本を読むことが，一般小説を読むことよりも知的向上に役立つというものではありません。

　マドンナの『SEX by MADONNA』[116]，渡辺淳一の『失楽園』[117]，吉村昭の『破獄』[118]。神戸市立図書館でも常識はずれの弾圧がありました。選書への干渉については『図書館があぶない』[119]にもありますので，興味のある人は読んでください。

　住民を教育したがる人にはこうした発想が多く，よく悩まされた問題です。「公立図書館の任務と目標」には，「93　公立図書館は，住民の納める税によって維持される。したがって図書館の予算は最大限に効果をあげるよう編成されるべきである」「94　過小な経費は，住民に失望感を与える図書館をつくり，結果として無駄となる。一定水準以上のサービスを維持するに足る

経費を予算化することによって，住民に役立つ図書館となることができる」とあります。

3．「図書館は個人で買えない本を置け」こんな意見も根強くあります。

「読み捨てられるベストセラーは，公共図書館の蔵書にせず，これこそ市民の購入にゆだね，市民が個人として買えないような基本図書が中心になってこそ……〈市民〉の図書館になりうるのではないか。」[120]

基本図書が必要な市民とはどんな人ですか。机上論では言えても，実状は違います。

また実際，図書館の利用者は図書館と書店をどう使い分けているか知っていますか。軽い読み物は図書館の本ですませ，高価であっても身近に置きたい本は買う，というのが今の実態です[121]。

4．図書館では自館にない資料は他の自治体の図書館から借りたりします。また子どもや障害者にもサービスをします。

少し法律に詳しい人（行政職の人に多いが）がよく言う論旨で「資料の相互貸借は地方自治法の精神に反する」とか「図書館法に書かれていないことをする必要はない」などと言います。これらの論旨は，図書館の経費を節減するための屁理屈であることが多いです。

相互貸借の問題も地方自治法だけで判断するのではなく，図書館法も読んでほしいです。地方自治法と図書館法の関係でいえば，どちらを優先すべきですか。一般法と特別法の関係で図書館法を優先します。地方自治法244条の3の「自治体間の協議と議会の議決を要する」という旨の条文で協力貸出をけん制する意見もあるが，これは間違っています。「公の施設」には病院，道路も含まれており，あらゆる施設にこの条項を適用することはできません。それに図書館法では相互協力の推進をうたっており，一般法と特別法の関係でも特別法が優先するのです。

図書館法に書かれていないことはする必要はない，と言う人もいます。そ

う主張する人の多くは図書館法を読んでいません。図書館法には児童サービスのことも，障害者サービスのことも書かれていません。当時図書館法に関係した西崎恵は「時代の動きはその都度図書館に新しいサービスの活動を要求するかもしれない。しかし，ここにかかげられたような事項は，図書館が図書館奉仕を行う以上は是非とも必要な事項であって，時代の推移によって変化するものではあるまい。第三条[122]の規定は新しい図書館の方向を示すのであって，この規定の上に，多彩な具体的な活動が展開されなければならない」[123]とサービスの深化を念頭に言っています。「図書館法に書かれていないことはする必要ない」という主張は，児童・障害者サービスを減らせば経費が少なくてすむと思ってのことです。

5．昔の図書館は館内閲覧が中心で，館外貸出は重視されませんでした。

今，館内閲覧が必要なのは，調べ物をする利用者だけで，ほとんどの利用者は資料を借りて家で読んだり，調べたりするのが普通です。館内でしか読めないとなると，ほとんどの人が図書館を使えなくなります。そのため貸出を重視するようになったのですが，それが気に入らない人が言う言葉に「貸出冊数が多いとろくでもない本しか読まなくなる」というのがあります。これもおかしい。神戸市立中央図書館が開館した頃，昔図書館に勤めていた人が，神戸新聞で次のような意見を言ったことがありました。

「貸出の制限冊数を少なくせよ。小説を借りる人が多いと言うが，小説など読む人は暇な人が多いだろう。暇な人だから何回も図書館に来させればよい。」そして「2週間に7冊読もうと思うと児童書か推理小説になる。冊数制限すれば，そんな傾向はなくなる」と，貸出制限冊数が多いと悪い本を読むようになるという筆致です。制限冊数を少なくしたらよい本を読むといった問題でもありません。

自分の読み足が遅いからといって，他人までそうだと決めつけてはいけません。ましてや図書館員は他人がどんな本を読もうと干渉すべきではありません。

貸出冊数は，その期間内に読める範囲で借ればいいのであって，制限を設ける必要はありません。日本で制限をなくしている館がありますが，制限をなくしたからといって不都合はありません。無制限というと，日本では「トラックで借りにきたらどうする」などといった反応がありますが，万が一にもないことで制限をつけたがります。

　それに制限冊数が10冊といえば，すべての人が10冊借りると思っているのです。これは認識不足で，平均すれば4冊か5冊です。予期しない事情のため，期間内に読みきれなかったこともあるでしょうが，それは制限冊数が多いからではありません。

　もう一つ困る意見は，「貸出中のため図書館に行っても読みたい本がなくて困る」といった意見です。これは，大学図書館などでの意見であって，調べ物の利用が主とは言えない公共図書館の実情を知らない机上論です。

6．「図書館の使命は文化の保存にある。将来の読者に残すことが重要な役割だ」といった意見をよく聞きます。

　だが一部の郷土資料を除いて，保存は都道府県立図書館，大学図書館，国立国会図書館に任せるべきです。

　「公立図書館には，未来のために貯蔵する責務はない。……なぜならこの貯蔵にかかる費用は，現在の住民が利用できる本やサービスの量を少なくしてしまうからである」とボルチモア郡立図書館のロビンソン館長は述べています[124]。

　それにもっと悪いことには，読まれない本を購入した時の言い訳に使われるのです。「今は読まれなくても将来読まれる可能性がある」と。しかし，今読まれないものが将来読まれることは非常に少ないものです。保存を強調すると読まれない本を購入するようになります。

7．「貸出を重視することは，無料貸本屋になることではないか」といって非難めいたことを言う人もいます。

最近は貸本屋はほとんどなくなり，貸本屋の状況を知っている人がいません。それでいて貸本屋を悪いもののように罵倒しますが，貸本屋はそんなに悪いものでしたか。佐藤忠男などは貸本屋で育ったと言っています[125]。

　貸本屋と図書館の違いを知っていますか。貸本屋は利用者の読みたい本を保障してはくれません。借りられて収益の出るものだけです。しかし図書館では所蔵していなくても，他の図書館から借りて提供してくれます。「貸出の量ばかり言うが，量が多いのは質の悪いものを貸しているからだ」と言う人もいますが，それは違います。「貸出を増やそうと思うなら軽い本を増やせばよい」これも間違っています。

　貸出を伸ばそうと思うなら，図書館は何をするところかを職員に自覚させることです。そして図書館を地域で一番魅力的な書店と同様に魅力的なものにすべきです。古い本があることだけが図書館の存在理由ではありません。

8. 「図書館の仕事は誰でもやれる仕事」でしょうか。

　貸出・返却だけが図書館員の仕事ではありません。貸出カウンターには資料に精通した職員が必要です。予約の処理などボランティアで簡単にできるものではありません。これについての誤解は役所の人にも多いです。図書館の自由の問題で適切な判断が誰にでもできるのでしょうか。

9. 予約制度の認識を変えねばなりません。

　ここが図書館の制度で昔と一番変わったところです。予約は利用者の求める資料を確実に保障する制度です。それなのに「予約は過剰サービスである」「一部の利用者のものになっていて不平等だ」「くだらん本ばかり予約する」「図書館の主体性を欠く」「蔵書構成にゆがみを生ずる」などといった意見があります。これも突き詰めると昔の図書館観から来ています。

　過剰サービスとは何でしょうか。予約者に電話をすることか，希望の本を購入することか，他の図書館から借りることでしょうか。

　「一部の人たちのものになっている」と言われますが，これも調べてみる

と意外と幅広い人たちから予約制度が利用されていることが分かります。本当に一部の人しか予約しないのであれば宣伝不足です。もっと宣伝すべきだと言いたいです。

　蔵書構成にゆがみなど生ずるわけがありません。予約された本をほとんど購入していないならば，それは収集方針・選択基準が利用者の要求に合っていないということです。当館で利用の見込みのない本ならば他館から借りる方法もあります。多く予約をする人は予約制度を上手に使って読みたい本を確保しているわけですが，その手際よさが図書館員の反感を買い，こうした言葉になったようです。

　「図書館の主体性を欠く」と言いますが，図書館の主体性とは何かという問題に突き当たります。利用者の求める資料を提供せず，図書館員の読ませたい本を無理やりに読ませようとするのが図書館の主体性でもないでしょう。

　「図書館サービスに不平等が生ずる」という発想は，図書館利用を画一的に捉え，本来あるべき，利用者に合った個々のサービスを切っていくことにつながります。利用者の資料要求には徹底的に応えるというのが，図書館の役割であるはずです。予約された本から学ぶことが多いものです。『知の技法』[126]なども予約から学んだ本です。図書館職員も，館の弱点を衝かれたと思わないでほしいのです。予約図書から蔵書構成を学ぶことも多いものです。茨木市立図書館では，収集方針の中で予約図書の対応について成文化しています。

　最近は「インターネット予約」が普及しています。東京の目黒区の図書館では貸出の30％がインターネット予約です。家から読みたい本を予約して，借りて読むのです。図書館は皆さんの読みたい本を集めてくる窓口になっているのです。

10. 「複本は購入せず，利用者には待たせればよい」と言われることがあります。

　確かに昔の図書館では複本は少ないものでした。そうした影響もあるのか，

複本の購入に反対する意見も多いです。

　ベストセラーなど，ブームが去った後書架に何冊残っているかを問題にする向きもありますが，何冊残ったかではなく，1冊1冊が何回読まれたかで評価してほしいのです。図書館によっては複本が50冊あっても，3年経っても，まだ書架に並ばない本もあります。図書館では利用者の読みたい時に，できるだけ早く提供すべきです。アメリカの事例として「レンタルブック」があります[127]。また，ボルチモア郡立図書館では，シドニー・シェルダンの本なら最初から600冊買うといいます。それでもベストセラーの購入費は図書費の5％以下だそうです。一部の作家がおかしなことを言っていますが，惑わされてはなりません。

11．その他，「無料であることが図書館の発展を阻害している」「図書館は学生の行くところだ，社会人は図書館を利用しない」「図書館は勉強するところだ，図書館から席借りを切り捨てることは間違っている」などと言われることがあります。

　こうした考えはどうして図書館の発展を阻害するのでしょうか。

　そもそも図書館は誰のものでしょうか。やり方一つで利用者は変わります。閲覧中心の運営では誰が図書館に来られるでしょうか。

これまでの図書館観に共通に見られるもの

　話し出したらきりがないほどおかしい話があります。おかしい意見の多くには，図書館員が住民に対して「こうすべきだ，こうしなければいけない」といった図書館員の主導的な意見が目立っています。そして利用者主体の考え方が非常に希薄です。

　日本の図書館はアメリカの影響を強く受けています。アメリカの例で言いますと，アメリカでは19世紀の半ばに公立図書館が制度としては確立しているわけですが，1930年代までの公立図書館は今とまったく違った目標を掲げていました。デューイ[128]はコミュニティを形成し維持する三角形の頂点として，学校

と教会と公共図書館を考えます。そしてコミュニティの道徳やまとまりを維持するために，牧師や教師と同じような役割を図書館員に期待し，そういう使命感を持たそうとしていました。

　1908年アメリカ図書館協会の会長になったボストウィック[129]という人は，会長就任演説で，図書館員は検閲官でなければならない，ということを声を大にして言っています。世間には図書が安く大量に出回っているが，図書館員はよい本と悪い本を見分ける最後の防波堤でなければならない，ということを言っているのです。よい本と悪い本との基準をどう考えているのかというと，例えば文学作品の場合，作品の質が高いということではなく，もっぱら内容の道徳性を問題にしていました。児童サービスの場合，道徳的な本とかアメリカの制度や思想，生活様式を分かりやすく書いた本は目立つところに置いて，積極的に提供すべきだと言っています。

　このように1930年代末までのアメリカでは，今の図書館のようにあらゆる見解を提供するという考え方は微塵もありませんでした。そのことを知ってほしいのです。そういう考え方が，日本では今でも続いているから困るのです。

　このように公立図書館が成立してから長い間，公立図書館は特定の価値を積極的に一般住民に植え付けることを目的としてきました。だから公立図書館は，教えるとか，指導するとか，そういう意味での教育機関だったのです。図書館員は子どもたちから「ティーチャー（先生）」と呼ばれていた時代が，1930年代末までありました。

　転機となったのは，1930年代後半，ヨーロッパではナチが勃興し，思想統制とか言論弾圧で自分の気に入らない本を焼く「焚書」の問題が起きてきたことです。ヨーロッパだけでなく，アメリカでも『怒りの葡萄』（スタインベック）が攻撃を受けて図書館の蔵書の中から除去される，そういう時代が来たのです。

　一つの意見に集約される危険性を意識したアメリカ図書館協会は，1939年に「図書館の権利宣言」を出しました。そこで初めて図書館界は「あらゆる見解を収集し提供する」という原則を植え付けたのです。その後必要に応じて時々改訂されていくわけです。例えば1948年には，冷戦を背景にして検閲にも反対

する条項を作るなど変化は見られますが，あらゆる見解を収集し提供するのが図書館の役割である，ということは常に主張されています。

　こういう変化が理解されず，旧態依然としたデューイの頃の理念が日本には残っているのです。司書のいない図書館や，林望，楡周平など一部の作家，マスコミ関係者など，昔の図書館観で語られています。これらに惑わされないでください。

最近出てきた気になる文化人やマスコミの論調

　複本購入への反対，書店にない本を置け，保存機能を第一義にすべき，図書館は良書を置くべきところだ，本は買って読むものだ，出版文化を支えることが重要，といった論調が最近見られます。

　図書館と一口にいっても国立国会図書館，大学図書館，専門図書館，学校図書館，都道府県立図書館，中小規模の公共図書館，それぞれ役割が違います。文化人やマスコミは，それらを一緒にして論じている向きもあります。

　ボルチモア郡立図書館では分館を重視し，中央図書館を設置する予定がありません。その理由について，ロビンソン館長は「市のプライド(または虚栄)のための記念碑であり，地域の『知的』価値の証であり，だれも読もうとしない時代遅れの本を保管するところであり，エリートたちにサービスして『専門家』という気持ちに浸ろうとする図書館員たちの根拠地である…」[130]と述べています。

　最近では三田誠広氏などが，図書館の貸出によって損害をこうむっていると批判しています。その内容はほとんど具体的な数値が示されず，誤りや誤解が多く，その結果が一方的な決め付けや感情的な批判になっているので，あまり気にしなくても自然消滅していくと思われますが，信じられると困るので少し紹介しておきたいと思います。

　ベストセラーの複本購入は相当積極的な図書館でも資料費の１％にもなっていません。

　「単なる貸本屋に堕している多くの公共図書館では，本棚がベストセラーに

占拠されて，純文学や学術書など，人気はないけれども，文芸文化としての意義は高い良質の本が，図書館の本棚から姿を消してしまうおそれが出てきます」[131]「純文学の名作を書いても（中略）都道府県の中央図書館にしか置かれないということになれば，（中略）全国で50冊しか売れないということにもなってしまいます」[132]「（イギリスでは）100人からのリクエストがあっても，本は1冊しか保有しない，というようにも読みとれます。少なくともイギリスの図書館には「複本」という発想はないようです」[133]などと実態が誤解されるような内容です。例えばイギリスのバーミンガム市立図書館（人口約100万人，図書館数40館）をホームページで確認すると，『ハリー・ポッターと不死鳥の騎士団』は156冊入っており，予約は259件あるのです[134]。

　三田氏は自分の考えが日本の作家そのもののように主張していますが，そうではありません。ベストセラー作家の村上春樹は「友達に借りたり，図書館で借りたりして読んでいただいても，それはぜんぜんかまいません」「どんなかたちでも少しでも多くの人に読んでいただきたい」「『新刊本は図書館が一定期間購入できないようにしたい』みたいなことをやっていると，長期的に見れば，出版界は読者の数をますます減らしていくだけだろうな，と思います」[135]と言っています。マスコミやNHKの「クローズアップ現代」など間違いが多いです。

　さて，三木市では読みたい本が買えますか。

　三木市では，市民が新聞やテレビの書評で面白そうな本が紹介されても，入手しにくいことをご存知ですか。書店は市内に2軒あります。だがその内容は実に貧弱です。今は書店でなくてもネットで買えるという人もいます。だがネットでは内容がわからず期待を裏切られることが多くあります。

　先日朝日新聞に「出版　断てるか負の連鎖」[136]という記事があり，新刊書籍がほとんど入らない店が50%，ベストセラーになると55%近くが手に入らないということです。版元も大型書店に配本する傾向にあります。私は神戸市の郊外，鈴蘭台に住んでいますが，本を買うのは大阪市内の紀伊國屋になってしまいます。三木市では読みたい本を市内ですぐに探し出すことは夢のまた夢です。図書館ができて三木市の書店が衰退するということはありません。図書館の隆

盛は読書人口を増やすことになることを知ってください。

最後に茨木市立図書館のビデオを見てもらいますが，そのまとめとして以下のことを特に指摘しておきます。

公立図書館が公立であるがためにしなければならないこと
1. 「利用者は人口の１割以下ではないか。利用者から金をとれ。受益者負担にしろ」「料金を出してでもいいサービスが受けたい」と言われても，安易に有料制を導入すべきではありません。
   貧富の差なく誰もが平等に図書館を利用でき，必要な情報にアクセスできるよう，公立図書館の利用を無料とすることは，ユネスコの公共図書館宣言によって国際的に確認されています。日本においても図書館法17条は，「図書館資料の利用に対するいかなる対価をも徴収してはならない」と定めています。

2. 住民の求めるどんな資料でも提供しなければなりません。そのためには所蔵していない資料を含めて，予約に対応できる体制を整えることが必要です。「公立図書館の任務と目標」第２条には「住民は，あらゆる表現の記録（資料）に接する権利を有しており，この住民の知る自由を保障することは，公立図書館の重要な責務である」とあります。

3. サービスはすべての住民を対象にしなければなりません。昔の図書館は学生の勉強場でした。しかし今は違います。『市民の図書館』以降，みんなが使える図書館にするため，子どもと主婦に重点を置くサービスをしてきました。それが学生以外の利用者を増やす導火線になってきたことを理解してほしいです。これは決して低俗化したのではありません。図書館が誰にでも利用できるようになって，求められる資料も高度化してきました。障害者，在日外国人が利用できるようにするのも当然です。

4．資料構成は住民のニーズを反映したものでなければなりません。経費は住民の納める税によって維持されます。それだけに最大限効果が上がるよう運営されなければなりません。資料費は効率よく使わなければなりません。漫然と資料を購入し，それを漫然と廃棄しているようであってはなりません。住民にとって必要な資料がどの程度あるか，どのような資料がどの程度使われたか，資料費はどれくらい有効に使われたかといった事柄を，いつも検討しておかなければなりません。それに蔵書は住民の資料要求を反映したものでなければなりません。住民の資料要求を蔵書に反映させるためには，自由な予約制度と優れた職員が不可欠です。蔵書のよしあしは貸出冊数となって表れます。蔵書は利用されるかどうかが問題です。

5．施設は住民が気軽に使えるものでなければなりません。公立図書館に静寂さは不要です。まず優先すべきは静けさではなく，誰もが利用できる雰囲気づくりです。

6．図書館で扱う資料は，自館所蔵の資料だけではありません。他館の資料の貸借もあります。「相互貸借」を活用して利用者の要求に応えねばなりません。

7．利用制限をなくしましょう。まず強調したいのは，意味のない利用制限をなくすことです。調べてみると図書館にはさまざまな利用制限が残っています。同じ本を続けて2度は借りられないとか，制限冊数とか，禁帯出など，制限が多いのです。

8．今生きている住民に満足してもらいましょう。中小の図書館では，将来の住民のために古い資料を保存することばかりを強調する運営をすれば，今の利用者に満足してもらうという点で障害になります。資料の保存機能はすべての図書館に必要ではありません。保存は都道府県立図書館の役割です。

9．「図書館は，基本的人権のひとつとして知る自由をもつ国民に，資料と施設を提供することを，もっとも重要な任務とする。この任務を果たすため，図書館は次のことを確認し実践する」（「図書館の自由に関する宣言」前文）として，資料収集の自由を有する，資料提供の自由を有する，利用者の秘密を守る，すべての検閲に反対する，という宣言を掲げ，読書の秘密を守っていることも理解してほしいです。

10．図書館は専門的な資質，能力を持った専門職員が中心となって運営することによって，住民の生活に不可欠な施設となることができます。
　　図書館が何をすべきかについて，信念を持っている。本が好きで，本を知っている。本を読む人の心が分かり，本を読む人を増やし，本を読む人を助ける仕事に情熱を持っている。図書館運営の技術について一定以上の知識を持っている。…こうした人が必要である。

　では茨木市立中央図書館のビデオを見てください。人口25万人の都市で年間380万冊の貸出をしています。15年前の状況です。【ここでビデオを上映】
　茨木市立中央図書館の様子を見ていただき，図書館の使われ方の違いも感じていただいたと思います。図書館は変わっていることを理解していただきたいと思います。そして図書館を使ってください。

おわりに
1．昔の図書館に返らないように図書館の歴史を学びましょう。
2．図書館の役割をいつも考えておきましょう。
3．おかしな図書館観を説得する力をつけましょう。
4．世間は何を持って図書館員の専門性を評価するか考えましょう。何が期待されているでしょうか。
5．目標ができ，成果に繋がる勉強ができると，職員の意識が変わります。三木の図書館の最近の変化を評価してほしいと思います。

付録・解題・注

付 録
三木市の研修で配布した資料リスト

【編注:日本図書館研究会第252回研究例会「図書館職員の研修で抑えておかねばならないこと」(2008年4月18日)で「これまでの研修で配布した資料」としてレジュメと共に配布されたリストです。書誌事項は編者が調査し追記しました。現在入手困難なものや重複して記載されたものを含んでいますが,研修で当時どんな資料を使用したのかが伝わるリストとするため,そのまま収録しました。】

1. 伊藤昭治「公立図書館の職員研修について —『公立図書館の任務と目標』の再評価」『談論風発』1(2), 2006.7, p.1-4.
2. 伊藤昭治「職員研修で抑えておかなければならないこと」『談論風発』2(1), 2007.4, p.1-7.
3. 田井郁久雄「小さな村や町の図書館のこれから」『風』71, 2007.3.
    『公立図書館の任務と目標』は職員の基本理念として共有してほしい。おかしな意見に惑わされないために。田井さんの論文を読むと基本に忠実に成果を挙げている図書館と無駄なサービスをしている図書館の現状が分かる。
    編注:その後,田井郁久雄『図書館の基本を求めて Ⅲ』大学教育出版, 2009, p.89-95. に収録
4. 田井郁久雄「活気のある図書館サービスと職員の果たす役割 — 民営化の何が問題か」『談論風発』2(1), 2007.4, p.8-13.
    指定管理者制度の問題点と民営化の何が問題かがよく分かる。
5. 静岡市の図書館をよくする会「「知る権利と図書館の自由」擁護のために」『みんなの図書館』232, 1996.8, p.50-55.
    新しい図書館の役割を説明するのに最適の文献である。
6. 『ネットワーク Q アンド A』
    神戸市立図書館が利用者向けに配布したネット予約の案内と解説。

7. 山本昭和「リクエスト(予約)制度と複本導入」『図書館ハンドブック』日本図書館協会図書館ハンドブック編集委員会編 日本図書館協会, 2005, p. 222-224.

 この問題を分かりやすく書いている。

 編注：2010年版にも同様に所収されている。

8. 安井一徳『図書館は本をどう選ぶか』勁草書房, 2006.9.

 机上の選択論。反面教師として読むとよい。

9. 加藤ひろの「市民に役立つ選書のために必要なのは何か」『談論風発』1(2), 2006.7, p. 4-13.

 安井氏の選択論を現場の感覚から批判している。

10. 伊藤昭治「安井一徳さんが書かれた『図書館は本をどう選ぶか』を読んで」『談論風発』1(3), 2006.10, p. 15.

 9, 10の文献は安井氏の選択論を批判したもの。机上論でない論旨を理解してほしい。

11. 田井郁久雄「『選書ツアー』論議のおかしさ」(日本図書館研究会第243回研究例会(2007年4月27日)レジュメ)

 学ぶ点が多い。

 編注：その後論文「『選書ツアー』の実態と『選書ツアー論議』」としてまとめられ,『図書館界』59(5), 2008.1, p. 286-300. に掲載

12. 田井郁久雄「北広島市図書館2006年選書ツアー選定本」

 北広島の選書ツアーで市民に選ばれた本の内容が分かる。これでいいのか。これが選書ツアーの実情だということがわかる。

 編注：文献11の論文 p. 290. に参考資料として掲載されている。

13. 伊藤昭治「公共図書館の役割と選書について」(東京都図書館職員講習会講演レジュメ)

 編注：実施年月日不明

14. 脇坂さおり, 加藤ひろの, 伊藤昭治, 村林麻紀, 西尾恵一「インターネット予約は図書館サービスを豊かにしているか？」『図書館界』59(2), 2007.7,

p. 94-106.

　　目黒区では貸出の3分の1が予約された本。図書館の役割が変わってきたことが分かる。

15. 高山正也「図書館は無料貸本屋か」『図書館雑誌』101(1)，2007.1，p. 4.
　　論旨が非常におかしい。

16. 馬場俊明「図書館記念日と中井正一」『談論風発』2(1)，2007.4，p. 14-15.
　　高山正也の論旨を批判している。

17. 塩見昇『半世紀，図書館を生きる』私家版，2007.1.
　　図書館の裏面史としてこの時代を理解するのによい。書評を伊藤が『図書館界』59(1)，2007，p. 34-35. に書いている。

18. 「予約に関するチェックリスト」
　　資料リスト14，p. 106. に載せた予約についての考え方を整理するための検討資料。

19. 三木市『広報みき』2007年5月15日号
　　市民ふれあい部長「住基カードの活用，普及に努めます。」「図書館カードにも使えるなど三木市独自の活用方法を検討します。」との記事。
　　図書館に相談もなく勝手に主張している。何が問題か考え方を整理する必要がある。

20. 「コンピュータ導入に伴う利用者情報の保護」『図書館の自由に関する事例33選』日本図書館協会図書館の自由に関する調査委員会編，日本図書館協会，1997.6，p. 178-183.
　　上記の個人情報の保護について理解するため。

21. 黒澤節男「図書館におけるインターネット情報の利用」『Q&Aで学ぶ図書館と著作権基礎知識』太田出版，2005，p. 82-84.
　　図書館でインターネット情報はプリントアウトしてよいか。
　　　編注：同書2011年版には「図書館におけるインターネット情報の利用」がp. 95-97. にある。

22. イザ！ブログ「図書館を占領『週刊金曜日』に民族制裁を加えよ」

編注：参照元，参照日不明

23. 田原町ホームページ「インターネット・コーナーにパソコン，プリンターを導入」の記事

    編注：2016年現在同 HP に記載なし。参照アドレス，参照日不明

24. 塩見昇「長尾・国会図書館長に期待」『毎日新聞』2007. 4. 8朝刊

    久しぶりに図書館関係者が館長に就任。

    編注：同記事に「長尾氏は情報工学の専門家としてわが国の電子図書館に関する草分け的な存在であり，大学付属図書館館長も務められ，電子図書館システム「アリアドネ」の開発に指導的役割を果たされ」「日本図書館協会は2000年以来会長に推し，折にふれ図書館の意義と重要性，将来展望について発言していただいてきた。」とある。

25. 田井郁久雄「流行の平凡さ，流行に関わらないことの新鮮さ」『風』73, 2007. 5.

    流行や時流にとらわれて型にはまってしまわずに生き生きと図書館の可能性を求めなければならない。

    編注：その後，田井郁久雄『図書館の基本を求めて　Ⅲ』大学教育出版，2009, p. 114-118. に収録

26. 「NHK『クローズアップ現代』に対する図書館の見解」町田市立図書館ホームページ〈https://www.library.city.machida.tokyo.jp/outline/pdf/NHK.pdf〉. [引用日：2018-12-1]

    編注：NHK の報道番組「クローズアップ現代」の「ベストセラーをめぐる攻防～作家 vs 図書館～」（2002年11月7日放映）で，図書館でベストセラーの本を複数所蔵していることに対しての批判があり，町田市立図書館が番組の内容に反論した。

27. 「石原都知事の会見記事から」『葦岸堂之日々是日々』2006年10月30日〈http://igandou.txt-nifty.com/〉. [引用日：2018-12-1]

    いかに図書館について無知で無関心かが分かる。

    編注：このブログに引用されている東京都石原知事の定例記者会見での発言は現在〈http://warp.da.ndl.go.jp/info:ndljp/pid/261662/www.metro.tokyo.jp/GOVERNOR/KAIKEN/TEXT/2006/061020.htm〉. [引用日：2018-12-1] でみることができる。

28. 図書館の自由に関する調査委員会編『図書館の自由に関する宣言　解説』日本図書館協会，1987．
29. 「山中湖情報創造館と指定管理者」つぶやき　その１
    反面教師的な資料である。
    編注：参照元，参照日不明
30. 伊藤昭治［ほか］「公立図書館における図書の紛失に関する研究」『図書館界』39(3)，1987.9，p.109-118．
    紛失本の特徴が分かる。紛失に関する研究論文は少ない。
31. 三木図書館の紛失冊数の報告とその分析
    三木図書館の実情を報告したものだが，驚くほど資料リスト30の指摘内容と類似している。
    編注：内部資料と思われる。
32. 「図書館における住基カード活用についての調査」日本図書館協会メールマガジン299．日本図書館協会『図書館の自由』52，2006.5．
    全国規模での活用の様子が分かる。
    編注：現在，該当箇所は，日本図書館協会図書館の自由委員会編集『図書館の自由　ニューズレター集成　3　2006-2010』日本図書館協会，2015，p.20．に収録。同調査の報告書は総務省のHPで公開。〈http://www.soumu.go.jp/main_sosiki/kenkyu/daityo_card_rikatu/pdf/060224_1_01.pdf〉［引用日：2018-12-1］
33. 「『タイガースの闇』（渡辺直子著・鹿砦社2002.4刊）の取扱い」『図書館の自由』52，2006.5．
    著者と出版者が名誉棄損で訴えられ有罪が確定した本。図書館での対応が問われている。職員の対応事例として考えておく必要がある。
    編注：日本図書館協会図書館の自由委員会編集『図書館の自由　ニューズレター集成　3　2006-2010』日本図書館協会，2015，p.20．に収録。
34. 伊藤昭治「志智嘉九郎の業績について」『図書館人物伝：図書館を育てた20人の功績と生涯』日本図書館文化史研究会編，日外アソシエーツ，2007，p.187-210．の「公共性から来る制約」

禁止・制限事項の問題について分かりやすく書かれている。レファレンスをするうえで考えておかなければならない事例である。
35. 田井郁久雄「公立図書館と指定管理者制度 — 何が問題か」『談論風発』2 (3), 2007.10, p.1-5.
　　何が問題なのかがよくまとまっている。
36. 伊藤昭治「図書館資料の再評価要求について」『収集方針と図書館の自由』（図書館と自由　第10集）日本図書館協会, 1989.4, p.92-94.
　　図書館資料に対して異議申し立てのある場合は異議を申し立てることができるアメリカの図書館の事例の紹介。
37. 茨木市立図書館資料収集方針〈http://www.lib.ibaraki.osaka.jp/?page_id=132〉[引用日：2018-12-1]
　　各図書館の手本になっている方針。図書選択論の本には一番よく載る収集方針である。
38. 「資料選択について図書館職員の意識調査アンケート」『本をどう選ぶか：公立図書館の蔵書構成』（伊藤昭治, 山本昭和, 日本図書館研究会, 1995) p.140-142.
39. 選書についてのおかしな意見
　　『公立図書館の役割を考える』（伊藤昭治, 山本昭和, 日本図書館研究会, 2000) に列記している。反論できる力をつけよう。
40. ALA 図書館の権利宣言解説文にある「図書館への未成年者のフリー・アクセス」。アメリカ図書館協会知的自由部　編纂『図書館の原則：図書館における知的自由マニュアル(第5版)』（図書館と自由　第15集）日本図書館協会　1997.7, p.119-129.
　　資料の利用を制限できるのは親だけであり, 自分の子どもにだけである。間違えやすい大切な内容である。
　　編注：2016年現在, 原書第9版の訳書が出ている。
41. 林望「図書館は無料貸本屋か」『文芸春秋』78(15), 2000.12, p.294-302.
　　図書館の複本批判。この趣旨の間違いを指摘できることが重要である。

42. 楡周平「図書館栄えて物書き滅ぶ」『新潮45』20(10)，2001.10，p. 116-123.
　　資料リスト41と共に複本反対の主張である。
43. 関千枝子「図書館への逆風が吹いている — 不況を理由にしたいじめ」『週刊金曜日』10(39)，2002.10，p. 16-18.
44. 鈴木由美子「貸出しの多い図書館を育てて，出版文化の繁栄を — 作家たちの図書館批判を，図書館を利用する側から考える」『出版ニュース』1993，2004.1，p. 14-17.
45. 与那原恵「多様な本との出会いの場を奪ってはならない — 図書館は何のためにあるのか」『論座』(105)，2004.2，p. 244-249.
　　資料リスト43，44，45は，林・楡の主張に反対の文献である。
46. 同志社大学司書課程受講生「林望氏の『図書館は無料貸本屋か』について — 公共図書館の役割との関連から反論する —」
　　編注：伊藤が非常勤で出講していた同志社大学で学生から提出されたレポートである。
47. 馬場俊明「最近の公貸権論議への疑問」『三角点』復刊1，2002.2，p. 4-8.
　　公貸権問題が一番分かりやすく書かれている。作家のもらう金額の少なさに驚く。
48. 秦恒平「図書館を考える　下　協動　公貸権を議論の場に　むしろ連帯し声大に」『中日新聞』2002.7.10夕刊
49. 前川恒雄「公立図書館　出版不況犯人説に反論」『朝日新聞』大阪版 2002.7.7朝刊
50. 「小学館社長相賀氏に聞く権利ビジネスで出版不況を克服 — 図書館貸し出し有料に」『日本経済新聞』2002.7.24朝刊
　　こんなおかしな意見もある。反論する力をつけることが必要。
51. 「図書館サービスと著作権 — 著作権に関わる質問50 — その対応」
　　日本図書館協会著作権問題委員会『図書館活動と著作権 Q&A』日本図書館協会，2000，64p. を元に作成。

52. 日本図書館協会著作権委員会「著作権法第31条の運用に関する2つのガイドライン」〈http://www.jla.or.jp/library/gudeline/tabid/239/Default.aspx〉．［引用日：2018-12-1］

    著作権法を正確に判断できるように勉強するため。

53. 田井郁久雄『岡山市事業仕分け（素案）に対する意見』2006.12.

    編注：岡山市が公表した事業仕分け結果（素案）に対して募集された市民意見に応募したもの。図書館の管理と運営を指定管理者制度の対象とすることの問題を指摘している。

54. 図書館問題研究会第53回全国大会「公立図書館への指定管理者制度の導入に反対するアピール」2006.7.11.〈http://www.jca.apc.org/tomonken/apeal20060711-1.html〉．［引用日：2018-12-1］

55. 日本図書館協会図書館政策企画委員会「『指定管理者制度を検討する視点 — よりよい図書館経営のために』（試行版）の活用について」〈http://www.jla.or.jp/Portals/0/images/committe/torikumi/siteicheck.pdf〉．［引用日：2018-12-1］

56. 田井郁久雄「指定管理者制度という後ろ向きの選択 — 北九州市立図書館の実状を見る」『談論風発』1(3)，2006.10，p.1-12.

57. 田井郁久雄「つくられた「現実」，虚像としての民営化」『談論風発』(1)，2006.4，p.2-11. あるいは『みんなの図書館』354，2006.10，p.28-42.

    文献53-57は指定管理者制度についての問題点を書いたものである。

58. 「出版，断てるか負の連鎖　書店・取次会社の流通事情」『朝日新聞』2007.8.17朝刊

    新刊書が入らない書店の現状を紹介。

59. 「図書館と新刊　大量貸し出しで著作権侵害，「公共貸与権」導入策も一案」『読売新聞』2002.9.12朝刊

    大量貸出で作家の著作権を侵害しているといった記事。

60. 「作家対図書館　激論複本問題でシンポ」『新文化』2002.9.12.

61. 「模倣犯が10万冊超　公共図書館の貸し出し実態」『新文化』2002.9.12.

62. 「図書館貸し出し,最高の5億冊,「不況も影響」— 文科省2001年度調査」『日本経済新聞』2002. 9. 20朝刊

　　文献59-62は新聞が複本と作家の著作権問題を取り上げたものだが,時流に乗った論旨。
63. 「図書館無料貸し出し　対立から歩み寄りへ」『東京新聞』2002. 9. 17.
64. 「図書館,起業家支援に動く — 情報収集の場を提供」『日本経済新聞』2001. 7. 25夕刊

　　図書館におけるビジネス支援の紹介。
65. 「レンタル本に著作権料　作者「貸与権」認める　文化庁法改正へ　2005年にも施行」『読売新聞』大阪版, 2003. 9. 30夕刊
66. 「図書館は出版文化の敵か」『京都新聞』2003. 10. 18.

　　図書館と出版文化の対立はない。
67. 田井郁久雄「三田誠広著『図書館への私の提言』を読んで」『風』29, 2003. 9.

　　三田の書いた本の間違いを詳細に指摘している。
68. 「図書館と著作権　三田誠広氏 VS 糸賀雅児氏」『読売新聞』2003. 9. 30朝刊
69. 「図書館貸し出し,進む集中化　初の全国調査」『朝日新聞』2003. 10. 29朝刊
70. 「時代に合わせて変身中　図書館」『朝日新聞』2003. 11. 4朝刊
71. 西尾肇「ブック・ストリート　図書館　蔵書の紛失とその対策」『出版ニュース』1908, 2001. 7, p. 26-27.
72. 「雑誌読んだ？じゃ譲って　財政難で大阪・泉佐野市立図書館」『朝日新聞』大阪版, 2001. 11. 10夕刊
73. 「山陰の出来事　鳥取県立図書館の図書盗難,年間800冊」『山陰中央新報』2001. 6. 14〈http://www.sanin-chuo.co.jp/news/2001/06/14/06.html〉. [2018-12-1現在閲覧不可]
74. 「図書館どう利用する　本の紛失共通の悩み　情報求め充実させる」『朝日新聞』大阪版, 2001. 10. 27朝刊
75. 「最近,図書館行ってますか？」上・中・下『毎日新聞』2002. 7. 15-19朝刊

文献58-66, 68-70, 72-75は各新聞に載った注目記事。

76. 『みんな知ってる？指定管理者制度：図書館を民営化するということ』図書館問題研究会大阪支部，2005．
　　指定管理者制度の問題点がよく分かる。

77. 松岡要編「これだけは読んでおきたい ― 司書としての学習基本文献ガイド」塩見昇編著『図書館員への招待』教育史料出版会，1996，p. 159-171．
　　司書としてこれだけは読んでおきたい基本文献であるだけに，どんな本か目を通してほしい。

78. 熊取町議員全員協議会資料「図書館における損害賠償請求訴訟にかかる控訴について」2007. 6. 13．
　　熊取町の控訴の姿勢は納得できない。

79. 須永和之「図書館情報学を学ぶための基本文献ガイド（特集：「司書」という職業）」『現代の図書館』39(1)，2001. 3，p. 50-55．

80. 「蔵書廃棄　自由の番人でいる重さ」『朝日新聞』2005. 7. 15朝刊

81. 「教科書採択論議の昨夏　西部氏らの著書廃棄　千葉の図書館」『産経新聞』大阪版，2002. 4. 12朝刊
　　（関連記事：石井竜生「保守言論人の著作大量廃棄事件が示す図書館の偏向実態」『正論』358，2002. 6，p. 137-144．「船橋西図書館が捨てた書籍百八十七冊全リスト」『正論』358，2002. 6，p. 145-149．）

82. 日本図書館協会「船橋市西図書館の蔵書廃棄問題について」2002. 6. 5．〈http://www.jla.or.jp/portals/0/html/kenkai/funabashi.html〉．[引用日：2018-12-1]

83. 図書館問題研究会常任委員会「船橋市西図書館の蔵書廃棄問題について(見解)」2002. 5. 28〈http://www.jca.apc.org/tomonken/funabasi2.htm〉．[引用日：2018-12-10]

84. 「船橋市西図書館蔵書廃棄事件最高裁判決について」『図書館の自由』49，2005. 8，p. 1-6．
　　資料リスト78，80-84は船橋・熊取の事件の文献。どう見ても図書館側が

おかしい。判決文は詳細に読む必要がある。
85．「TVドラマ『みんな昔は子供だった』について」『図書館の自由』49，2005．8，p. 6-9．
86．「個人情報保護法と図書館資料の扱い」『JLAメールマガジン』251，2005．4．20〈http://www.jla.or.jp//tabid/262/Default.aspx?itemid=649〉．[引用日：2018-12-1]
　　『図書館の自由ニューズレター集成2　2001-2005』日本図書館協会図書館の自由委員会，2009．p. 174．にも転載されている。
87．図書館問題研究会第49回全国大会「住民基本台帳ネットワークに反対するアピール」2002．7．9〈http://www.jca.apc.org/tomonken/juuki.htm〉．[引用日：2018-12-1]
88．世田谷区職員労働組合教育分会「テレビ朝日に名誉および信用の回復措置を求める声明」『図書館の自由』48，2005．5，p. 4-7．
　　編注：テレビ朝日ドラマ『相棒』で司書が個人情報を漏らす場面があったことに対する声明。
89．三苫正勝「高槻市立中央図書館利用者登録情報盗難事件調査報告」『図書館の自由』48，2005．5，p. 2-3．
90．「支局長からの手紙　図書館の旗を」『毎日新聞』2005．7．10．
　　滋賀県の図書館の衰退を危惧して。
91．林美里「公共図書館での一光景」『図書館雑誌』94(1)，2000．1，p. 7．
　　図書館の自由委員会の委員でも、おかしな発言がある。
92．伊藤昭治「林美里氏の『こらむ図書館の自由』の内容についての疑問」『図書館の自由』27，2000．3．
　　（『図書館の自由ニューズレター集成1981-2000』日本図書館協会2006．3，p. 188-189．にも収録）
　　間違えられやすい児童サービスの事例を指摘する。
93．図書館の自由に関する事例「あなたならどうする事例研究1－6」
　　自由の事例を自分で考え発言する練習に。

編注：出典不明
94. 土居陽子「『完全自殺マニュアル』の予約をめぐって」『表現の自由と「図書館の自由」』日本図書館協会，2000.5，p. 112-125.
95. 土居陽子「図書館なんでもQアンドA『図書館に『自殺マニュアル』本があるって本当ですか』」同上，p. 118.
　　予約に応えられない資料について，学校図書館での教員からの質問に答えて資料リスト94，95の資料を提供。
96. 「図書館に関するいくつかの提言」『こうすれば利用がふえる：公立図書館の経営』p. 201-230.
　　どうすれば図書館を活性化することが出来るか考える。
97. 「図書館，閲覧制限も」『朝日新聞』2007.9.17.
　　『僕はパパを殺すことに決めた』に関連して，朝日新聞に載った「図書館閲覧制限も」をはじめ産経・読売・楽天ニュースなどに載った提供制限の事例資料を渡す。新聞社が各図書館にその取扱いを聞き，その処理の仕方を記事にした内容。
98. 制限事例の紹介。図書館は資料提供の自由を有する，の事例。
　　・「わいせつ」出版物と提供の自由（資料リスト20. p. 129-134.）
　　・長野市立図書館『ちびくろサンボ』廃棄（資料リスト20. p. 67-71.）
　　・『石に泳ぐ魚』の事例（日本図書館協会図書館の自由委員会編『図書館の自由に関する事例集』日本図書館協会，2008，p. 109-113，ほか）
　　などの資料を配布。その対応に間違いを起こさないように注意する。
99. 『参考事務規定解説』JLA 公共図書館部会参考事務分科会編・刊，1962.
　　レファレンス・サービスで特に注意する必要がある事例として。
100. 『神戸市立図書館相談事務規定』
　　編注：『レファレンス・ワーク』日本図書館研究会，1984，p. 251-261. に収録
101. 伊藤昭治「志智嘉九郎の業績について」『図書館人物伝』日外アソシエーツ，2007，p. 187-210. や『レファレンス・ワーク』赤石出版，1962，（復刻版は日本図書館研究会，1984）を読ませ，禁止・制限・除外事項・ビジ

ネス支援・医療相談・良書推薦・法律相談など,過去においてどのように対応して来たか知ってほしいと思い,資料を紹介した。

102. 「図書館評価のためのチェックリスト」『公立図書館の任務と目標　解説』日本図書館協会,2004,p. 89-107.

103. 「図書館運営についてのアンケート」『こうすれば利用がふえる:公立図書館の経営』1997.2,p. 49-74.

   アンケートを配布し再検討。

104. 土居陽子「完全自殺マニュアルの予約をめぐって」(前出94)

   編注:文献94としても配布したが,文献105とあわせ再読し考えるために再度使用した。

105. 土居陽子「学校図書館と読む自由」『学校図書館を考える会・近畿』175,2007.5,p. 8-14.

   学校図書館で選書と生徒の予約について質問があり,前出文献94.とあわせて見せる。実際クレームがついたときどうするか,などの問題についての考え方を述べる。

106. 「資料区分別未利用図書とその比率」『こうすれば利用がふえる:公立図書館の経営』p. 82.

   読まれない本を買わないために茨木市立図書館の未利用図書の比率を見せる。

107. 「読まれない本を買わないために」『本をどう選ぶか:公立図書館の蔵書構成』p. 70-83.

   神戸市立中央図書館の一度も借りられなかった本の分析。

108. 「青山公民館について」

   三木市青山公民館図書室の利用状況の分析。未利用図書の分析,ベストリーダー,蔵書の回転率の紹介。読まれない本の共通性を知る。

   編注:内部作成資料。作成年月日不明。

109. 伊藤昭治「図書館の役割について」

   吉川の公民館で市民を対象に昔と今の図書館の役割の違いを中心に講演。

その講演内容を原稿にして配布。昔と違う図書館の役割を正確に知ってほしいと思う。

  編注：内部作成資料。2007-2008年頃作成と思われる。本書第5章に「改めて図書館の役割を考える」として収録。

110. 田井郁久雄「『これからの図書館像』をどう読んだか」『としょかん』104, 2007.10, p. 2-7.

  ベストセラーを大量に購入することは作家や出版社の損失になるか。図書館への誤解と憶測の内容を検証し, 貸出による図書館の発展は出版界にとっても利益になることを話題にした。

  編注：『図書館の基本を求めてIII』2009.12, p. 153-164. にも収録。

111. 井上ひさし『本の運命』文藝春秋, 1997, p. 133-187.

112. 田井郁久雄「「貸出」は図書館も出版文化も発展させる」『図書館界』54(6), 2003.3, p. 260-271.

  図書館と出版文化の問題を考えるため。

113. 「図書館貸し出しを有料に」『日本経済新聞』2002.7.24.

  まだこんな小学館社長の論旨が出回る。理論武装が必要。

114. 津野海太郎「市民図書館という理想のゆくえ」『図書館雑誌』92(5), 1998.5, p. 336-338.

  編注：津野『だれのための電子図書館？』大日本印刷, 1999, p. 147-155. にも収録。

115. 西野一夫「図書館は出版文化をどう支えるか　小特集にあたって」『図書館雑誌』95(6), 2001.6, p. 410-411.

116. 手嶋孝典「「図書館は『無料貸本屋』か」をめぐって」『図書館雑誌』95(6), 2001.6, p. 414-415.

117. 菊池明郎「「無料貸本屋」といわれた図書館へ」『図書館雑誌』95(6), 2001.6, p. 416-417.

  このほか95巻6号の特集記事に載った論文を配布。「図書館は無料貸本屋か論」についての一方の側の主張。

118. 山家篤夫「基調報告　図書館の自由この一年」『平成19年度第93回全国図書館大会東京大会要綱』同大会組織委員会, 2007.10, p.246-249. 「基調報告追加資料」2007.10.30.

　　船橋市西図書館の蔵書廃棄事件について, 協会が当事者に宛てた文章。図書館大会での資料を中心に現在図書館界で話題になっている事件を紹介し, その対応を誤らないように研修する。図書館の自由委員会配布資料を中心に解説。

119. 「実名報道の紙誌　原則公開を決定　図書館協会」『朝日新聞』2007.5.26朝刊, ほか

　　少年法61条の氏名の扱い関連記事

120. 「図書貸し出し拒否　熊取町側が敗訴　5万円支払い命令」『読売新聞』大阪版, 2007.6.17朝刊, ほか

　　熊取町の図書館の敗訴の記事, 控訴の記事

121. 「少年調書引用の本　栃木の図書館閲覧中止　京都でも　「検閲」と批判の声」『読売新聞』2007.9.16, 「講談社から皆さまへ『僕はパパを殺すことに決めた』について」『週刊現代』49(41), 2007.11.3, ほか

　　少年調書引用の図書『僕はパパを殺すことに決めた』についての文献

122. 「利用制限措置に関する国立国会図書館からの聴取(メモ)」2007.5.14

　　児童ポルノ関連資料

　　　編注：出典不明。国立国会図書館利用制限措置等に関する内規(昭和63年国立国会図書館内規第6号)で閲覧禁止といった利用制限ができるのは「児童ポルノであることが裁判により確定した資料及び児童ポルノに該当するか否かについて係争中の資料」となっていた。しかし, 裁判での確定や起訴が確認されていない資料についても, 国会図書館が独自に判断し利用制限措置できるようにする内規が新たに設けられた。これに対して日本図書館協会自由委員会は, 合法的に収集したものまで遡及して規制する事態が及ぶとすれば図書館の役割にも関わる, と問題視し, 国会図書館へのヒアリングや意見交換を行っていた。その際の資料と思われる。参考：「国立国会図書館が『児童ポルノ』閲覧制限　『摘発対象』指摘受け納本義務で所蔵」『朝日新聞』2005.7.17朝刊, 「『児童ポルノ』閲覧禁止開始　国会図書館」『朝日新聞』2006.4.1夕刊, 「国立国会図書館における「児童ポルノの類」の取

扱いについて」日本図書館協会図書館の自由委員会編『図書館の自由ニューズレター集成2　2001-2005』日本図書館協会図書館の自由委員会，2009，p. 188.「国会図書館の「児童ポルノの類」資料の利用制限」日本図書館協会図書館の自由委員会編『図書館の自由ニューズレター集成2　2001-2005』日本図書館協会図書館の自由委員会，2009，p. 200.「国立国会図書館における「児童ポルノに該当するおそれのある資料」の取扱い」日本図書館協会図書館の自由委員会編『図書館の自由ニューズレター集成3　2006-2010』日本図書館協会図書館の自由委員会，2015，p. 21

123.「国立国会図書館資料利用制限措置等に関する内規」(昭和六十三年十二月十四日国立国会図書館内規第六号)

124.「「名探偵コナン」1月22日放送第461話「消えた1ページ」についての申入書」学校図書館問題研究会2007. 3. 1.（『図書館の自由』56，2007. 5.『図書館の自由ニューズレター集成3　2006-2010』p. 73-75.　に収録。http://www.gakutoken.net/にも掲載［引用日：2018-12-4］)

125. 田井郁久雄「公立図書館と指定管理者制度〜何が問題か」『談論風発』2(3)，2007. 10，p. 1-5.
　　指定管理者制度で何が問題か，再度話し合う。
　　編注：資料リスト35に同じ。

126. 池田裕美「きめ細かなサービスと運営の工夫」『平成19年度第93回全国図書館大会東京大会要綱』同大会組織委員会，2007. 10，p. 20-23.
　　図書館大会2007での我孫子図書館の報告。

127. 伊藤昭治「三木の図書館を考える会での講演のレジュメ」
　　図書館員として押さえておかねばならない数値としてレジュメを配布。
　　編注：内部作成資料・年月日不明

128. 田井郁久雄「書店に見るプロとしての要件」『風』79，2007. 11.
　　編注：『図書館の基本を求めてⅢ』大学教育出版，2009，p. 170-174.　にも収録

129.「良書厳選主義を克服する ― 子どもにも知る自由を」『公立図書館の役割を考える』伊藤昭治，山本昭和，日本図書館研究会，2000，p. 43-77.

130.「ペーパーバックスとミステリーコーナー」『アメリカ大都市の公共図書館』日本図書館協会，1977，p. 80-83,「人種問題と図書館奉仕」同書 p. 83

-85.

「子どもにも知る自由を」をテーマに児童サービスをみなおす。児童サービスでは無垢な子どもを善導してやることが最重要だとする意見への反論。

 編注：資料リスト129，130をあわせて配布

131. 小木曽真「子どもの予約と図書館の自由」『子どもの権利と読む自由』日本図書館協会，1994，p.126-137.

子どもの予約論争の主張のまとめ。話題になった予約ベスト15論争関係資料。

132. 「マンガの力」『朝日新聞』連載，2007.11.9.

133. 「図書館への未成年者のフリーアクセス　図書館の権利宣言解説文」『図書館の原則』改訂２版，日本図書館協会，2007.8，p.144-146.

年齢を理由とするアクセスの制限例。

134. 「『タイ買春読本』問題から「図書館の自由」を考える」静岡市の図書館をよくする会・佐久間.

 編注：第82回全国図書館大会事例報告での配布資料と思われる。

135. 佐久間美紀子「知る権利はどんな人にも平等に保障される，ということ」〈http://www.geocities.jp/yokusurukais/sirukenri.html〉．［引用日：2018-11-27］

136. 平野照子「学校図書館派遣で遭遇したこと」「良書厳選主義の図書館と知る自由のある図書館の比較」

 編注：三木図書館職員が館内の勉強会で発表したレポート

137. 日本図書館協会「図書館法の見直しにあたっての意見　2007年10月２日」〈http://www.jla.or.jp/demand/tabid/78/pageno/4/Default.aspx〉．［引用日：2018-11-27］

138. 渡部徹「教育基本法の改正と図書館の振興」図書館大会事例発表『平成19年度第93回全国図書館大会東京大会要綱』2007.10，p.86-89.

139. 馬場俊明「図書館法の検討状況〈審議会情報〉中央教育審議会生涯学習分科会制度問題小委員会議事録より　社団法人日本図書館協会　図書館法

の見直しにあたっての意見書」『談論風発』2(3), 2007.10, p.6-22.
　　検討内容が詳細に分かる。
140. 西村一夫「図書館の原点を大事にしよう」『みんなの図書館』368, 2007.12, p.2-10.
141. 静岡市の図書館をよくする会『市民の図書館政策』2007.
142. 日本図書館協会図書館政策特別委員会編『公立図書館の任務と目標　解説』改訂版　日本図書館協会, 2004.「はじめに」(p.11-12.),「第1章　基本的事項」(p.13-26.)
143. 「こう考えているうちは公立図書館の発展はない ― 発展を阻害する誤った意見 ―」伊藤昭治・山本昭和『公立図書館の役割を考える』p.11-40.
144. 福島正実「ブラッドベリ・ノート」
　　レイ・ブラッドベリ『華氏451度』宇野利泰訳, 早川書房, 1975, p.277-288.
145. ウンベルト・エーコ『薔薇の名前』上・下　河島英昭訳, 東京創元社, 1990. の訳者による解説部分。
　　『華氏451』と『薔薇の名前』のビデオ鑑賞のための解説として。
146. 塩見昇『知的自由と図書館』青木書店, 1989.
　　書物の受難, 焚書などの事例が分かる。
147. 田井郁久雄「利用される, 役立つ図書館づくりのために ― 職員の果たす役割はなにか」『談論風発』3(1), 2008.4, p.7-23.
　　愛媛県図書館職員研修会2007年11月16日講演内容。
148. 伊藤昭治「三木の図書館を活性化するためには, どうすればよいとあなたは思いますか。一緒に考えてみませんか。」
　　編注：三木市で行われた図書館を考える会講演レジュメ。場所・年月日不明。
149. 「三木図書館のサービス指標」
　　平成16〜19年の比較指数いろいろ。貸出, 予約状況, 近隣図書館との比較, 利用者の地域分布, 年齢別分類別利用状況, 未利用図書一覧など。
150. 山口源治郎「『市民の図書館』の歴史的評価をめぐって ― 誌上討論『現

代社会において公立図書館の果たす役割は何か』を振り返る」『図書館界』59(5), 2008.1, p.308-311.
151. 田井郁久雄「『選書ツアー』の実態と『選書ツアー論議』」『図書館界』59(5), 2008.1, p.286-300.
152. 戸田誠之「私の図書館観の変遷」『談論風発』2(4), 2008.1, p.1-5.
　　三木の図書館職員の図書館観の変遷を書いたもの。研修会の成果が分かる。
153. 田井郁久雄「『図書館の基本』を見つめる視線」『談論風発』2(4), 2008.1, p.6-7.
154. 伊藤昭治「『市民の図書館』以前の図書館」「図書選択への干渉」「寄贈図書の受入れを考える」「サービスに不平等が生ずるという発想」「誰のための図書館か」など
　　『本をどう選ぶか : 公立図書館の蔵書構成』(伊藤昭治・山本昭和, 日本図書館研究会, 1995.) に書いた論文の紹介。
155. 「脱『貸本屋』めざす図書館」『朝日新聞 be on Saturday』2008.2.9.
　　図書館が大きく変わるかのようなおかしな記事。
156. 「大学蔵書私が選ぶ　学生『ブックハンティング』各地で広がる」『朝日新聞』大阪版, 2008.2.9夕刊
157. 根本彰「コレクション作りの考え方」
2003年度中堅職員ステップアップ研修レジュメ〈http://www.jla.or.jp/portals/0/html/kenshu/stepup2003.html〉. [引用日 : 2018-11-27]
　　資料収集方針の立案。演習課題に選書のあり方と図書館の役割などで課題が書かれている。評価基準は分からないが，考えたい。
158. 『図書館ハンドブック』の中の「図書館資料」
　　異論として押さえたい事柄を示す。
　　　編注：アメリカ19世紀末のフィクションを収集・提供することの是非をめぐる論
　　　　　争や，1930年代のアメリカ「図書館の権利宣言」，価値論と要求論，『市民
　　　　　の図書館』の図書選択の項，2000年代の出版社等からの複本批判，など選

書をめぐる言説の流れを示したと思われる。日本図書館協会図書館ハンドブック編集委員会『図書館ハンドブック第5版』日本図書館協会，1990，p. 137-146．あるいは，日本図書館協会図書館ハンドブック編集委員会『図書館ハンドブック第6版』日本図書館協会，2005，p. 194-202．と考えられる。現在の最新版は2016年の第6版補訂2版。

159. 「『24時間開館』という幻想」伊藤昭治・山本昭和『公立図書館の役割を考える』日本図書館研究会，2000，p. 190-194．

　　　行政当局が考える幻想。

160. 「日本図書館論争史」「書物蔵：古本オモシロガリズム［引用日：2007-10-18(木)］」より

　　　編注：アドレスなど詳細不明。2016-09-25閲覧不可

161. 志智嘉九郎「みなそれぞれの立場あり ― 図書館法改正について」『図書館雑誌』47(5)，1953.5，p. 130-131．

　　　図書館法17条について志智の論文。図書館法の改正問題は昭和28年頃もあった。

162. 三木図書館の研修内容

　　　研究会例会内容

　　　編注：資料リスト154まで配布した後の振り返り

163. 投書　利用者の感想

　　　編注：巻末注57参照

164. 志智嘉九郎「物知り係という仕事」『空論集』1969.5，p. 119-130．

　　　神戸市のレファレンスのはしり。

165. 田井郁久雄「『図書館への私の提言』への提言」『図書館の基本を求めて』大学教育出版，2008，p. 142-176．

　　　おかしな意見に対して反論する力をつけるため。

　　　編注：三田誠広著『図書館への私の提言』への反論。

　問題にすべき事例の紹介，その賛成論，反対論，分かりやすい文献，おかしな論旨，などは一番いい勉強になる。

これまで，以上の文献を印刷し配布してきた。これらは教科書に載るような概論ではない。ぜひこれを読んで理論武装をしてほしいといったものや，反面教師として反論する力をつけてほしいと思ったものもある。対象が図書館に勤務する職員であるだけに，机上論では説得できないとなると，単に教えるのではなく，あなたならどうするという答えを求めることになる。職員研修とはこんな姿勢が必要な勉強会ではなかろうか。日ごろの疑問が解消されることになれば成功である。

ビデオ

1．『格子なき図書館』CIE（占領軍民間情報教育局）制作，1950．
    編注：2014年にDVD化された。『映像でみる戦後日本図書館のあゆみ：『格子なき図書館』と『図書館とこどもたち』』（DVD1枚＋ブックレット），『映像でみる戦後日本図書館のあゆみ』製作チーム編，日本図書館協会．
2．『茨木市立図書館案内と行事』
    編注：出典不明
3．『図書館の人びと』日本図書館協会，1989．
4．『市民の図書館 : 八日市市の図書館づくり』1989．
    編注：発行元不明
5．『ある図書館長の一日：市町村立図書館経営の実際』（図書館の達人7　書実務編 part3）日本図書館協会企画，紀伊國屋書店出版，1998．
6．NHKクローズアップ現代「ベストセラーをめぐる攻防～作家VS図書館」（2002．11．7放送）
　　ビデオを見せ，その内容を批判した町田市立図書館の関係者の文献も紹介する。マスコミ論旨が正しくないこと，それに内容も正確でないことが分かる。町田市立図書館の関係者の反論は納得のいく論旨である。
7．東京都図書館職員研修「選書」「公共図書館の役割と選書について」
    編注：資料リスト13．東京都図書館職員講習会レジュメの講演を録画したもの。
8．『華氏451』レイ・ブラッドベリ原作，フランソワ・トリュフォー監督，1966．

9. 『薔薇の名前』ウンベルト・エーコ原作，ジャン・ジャック・アノー監督，1986.
10. 『新しい文化の創造をめざして：望まれる多文化サービス』（図書館の達人8　司書実務編 part3）日本図書館協会企画，紀伊國屋書店出版，1998.
11. 『すべての人にすべての本を』NHK 放送研修センター，1995.
12. 『あなたの要求を図書館へ』NHK 放送研修センター，1995.
13. 『くらしに活きるレファレンス』（図書館の達人5　司書実務編 part2），紀伊國屋書店，1996.
14. 『広がる図書館協力と連携』（図書館の達人6　司書実務編 part2）紀伊國屋書店，1996.
15. NHK「図書館をもっと身近に　ディスカバー図書館2004」
    編注：日本図書館協会と文部科学省共催のシンポジウムについて NHK のテレビ番組で紹介されたものの録画と思われる。このシンポジウムは日本図書館協会編『図書館をもっと身近に暮らしの中に』日本図書館協会，2004. にまとめられている。

スライド

1. アメリカ大都市の公共図書館
   訪問した多くの図書館で注目すべきところを見せる。
2. 金光図書館　木造の図書館
3. 大正期の神戸市立図書館と新しく建てた神戸市立中央図書館の比較
4. 戦争後早い時期に建てられた図書館　千葉市立北図書館など
5. 手本になった図書館　日野市立図書館　同 高幡図書館　同 市政資料室
6. 昔にはなかった新しいタイプの図書館　昭島市立図書館　東村山市立図書館　浦和市立図書館　名古屋市天白図書館　町田市立図書館　小牧市立図書館　多摩市立関戸図書館　厚木市立図書館　神戸市立東灘図書館　など

解　題

本書の構成について

　本書は,「公共図書館の職員に今だからこそ伝えておきたいことを一冊にまとめよう」「学んでおいてほしいことや,学び続けることの重要性を伝えたい」と伊藤が作成した目次の原案を活かし,読書調査研究グループで討論して構成しました。

　計画当初は,「伊藤の実績を振り返ることができる著作集にした方がよいのではないか」との意見もグループ内にありましたが,「過去に発表した論文をまとめた個人の記念論集にはしたくない。今伝えたい主張を強く訴えるものにしたい」というのが伊藤の強い意志でした。

　原稿準備作業半ばで伊藤が急逝した後,その直前までグループで討議していた内容をふまえ,内容が重なっている箇所を削ったり,言葉を足したり,文章全体にかなり手を入れ,再構成を試みました。しかし,内容に重なる箇所があっても,それこそが強く伝えたい内容であり,伊藤が書いた生き生きとした文章をできる限り残すことが重要だと考え直し,編集作業をやり直しました。ただし一冊の本としてまとめるにあたって,表記や注の追加などについては大幅に手を入れました。

　使用した原稿の中には,執筆から月日が経過しているため,背景となる状況が現在とは異なるものも多くあります。そうしたものも,核となっている思想は時代を越えて伝えられる論考だ,と私たちは捉えています。

　利用が低調だった1950年代以降,幅広い市民に活発に利用される図書館へと約半世紀にわたり改革を続けていった,伊藤の実践の基盤を読み取ることができます。

　「いかに活発に利用される図書館にしていくか」という命題は,不要になった過去のものではありません。地域によって一部の層のわずかな利用しかない図書館もいまだにありますし,過去に活発に利用されていてもその後低調にな

るケースもあり，建物などは一見華やかだが図書館としての利用は低調，というケースもあります。

　今だからこそ，そしてこの先も，この命題に挑戦し発展させようとする図書館員の学びに役立つよう，本書を編みました。

（加藤）

第1章　若い図書館員に，あえて確認しておきたい図書館の役割
― 館界に蔓延するおかしな論旨 ―

　ここでは，おかしな論旨に対する伊藤の考え方が詳しく書かれています。

　若い図書館員が実際に図書館の現場でおかしな主張にぶち当たった時，指針としてほしいとの願いのこもった文章です。

（村林）

第2章　職員の研修で図書館は変わる

　研修はどうあるべきか，職員は何を知り，何を考え，どう実践につなげていくべきか，ということを伊藤は多くの講演や著述で語り続けてきました。それは伊藤自身が職員の研修に携わった経験に基づいており，説得力があります。どの図書館でも参考になる事例と言えます。

　「茨木市立図書館での研修内容」は講演の準備のために書かれたものです。文章として発表するために書き直しを終えたものではないため，箇条書きやメモ書きのような箇所もありますが，できるだけ原文を活かして収録しました。

　茨木市立中央図書館の開館準備期だった1988年から始められた実践の報告です。一連の研修によって旧態依然としていた職員が変わっていき，研修の成果は茨木市立図書館のサービス実績として結実していきました。何をどう研修し，どんな図書館サービスにつながっていったのか，学び取りたい実例です。

　伊藤は，利用が低迷していた三木市立図書館に2007年に「図書館指導専門員」として迎えられました。「職員の研修で押さえておかなければならないこと ― 三木市での実践1 ―」「職員研修を終わって ― 三木市での実践2 ―」

はこの時の経験を書いたものです。書かれた時期の実践の進展によってそれぞれ力点の異なる文章となっていることを示すために，編者がサブタイトル「三木市での実践１，２」を付しました。

「職員研修で押さえておかなければならないこと」では，三木市で職員研修を始めるにあたって，「まず最初にこれだけは知ってほしい」と伊藤が考えたことがまとめられています。どこの図書館でも，必須のチェックリストとして活用できるでしょう。

付録として巻末に収録した「三木市の研修で配布した資料リスト」は，「図書館職員の研修で抑えておかねばならないこと」と題し，三木市の図書館を変革し始めて１年ほどを経過した2008年に日本図書館研究会の研究例会で発表した時の準備原稿に添付されていたものです。三木市での研修で実際に配布された資料の一覧です。現在入手できないものも含んでいますが，どんな観点のどのような資料が研修に有効か，ということを読み取るためにあえて再掲しました。このリストの中には，同様のテーマについて，次々新しい記事や論文の出てきているものもあります。そうしたものについては，何が過去の検証や議論をふまえず繰り返されているものなのか，整理して考えるためにも，このリストを活用しつつ，現役の図書館員が新たなリストを作っていけば，非常に役立つことでしょう。

「職員研修を終わって」は『談論風発』に掲載されました。この稿では三木市での研修全体を振り返っており，三木市立図書館の職員が研修によってみるみる変貌していき，利用の多い活気にあふれた図書館に変わっていく様子が生き生きと伝わってきます。

（加藤）

第３章　館長の役割

「館長次第で図書館は変わる」は司書が専門性を発揮し，現在の図書館の役割をきちんと押さえて図書館運営をリードしていくことの重要性を主張しています。

「館長資格の質的側面」が書かれた1997年は，公立図書館の館長の司書資格要件廃止などの内容を含む図書館法改正が政府により検討され，館長のあり方について議論が高まっていた時期でした(その後1999年の図書館法改正で公立図書館の司書資格要件は廃止されました)。

　現在，執筆当時よりもさらに多様な人が館長職についています。司書資格の有無，司書専門職か行政職の職員か，司書としての勤務経験・年数の多寡，といった違いだけでなく，全国的に見れば少数派ではあるものの，指定管理されている図書館では受託会社の契約社員，というケースもあります。

　経験豊かな司書の館長が図書館の理念や役割を元に自館の問題点を分析し，課題を設定し，行政上部や外部にきちんと説明や反論をしていくことがどれほど大切かを主張し続けるために，今改めて読んでおきたい文章です。

(加藤)

第4章　実務に役立つ研究を求めて

　第4章に収録したのは，図書館学研究はどうあるべきかを説いた著作と，実際に実務者の立場で伊藤が行ってきた研究のうちの数篇です。

　伊藤は，常に，「図書館学は実学である」と説いてやみませんでした。実学であるとは，単に直接的に実務に役立つという意味ではなく，「何のための研究か」が明白であるということです。読書調査研究グループのメンバーが現場で感じる疑問を口にすると，「面白い」「それ，書けや」と常に促されました。伊藤が身をもって示し，私たちをも励ました「書くこと」＝研究とは，日常の仕事での悩みや疑問を，変革へのエネルギーに変えることであったと思います。

　伊藤は，「あれも正しい，これも正しい，は研究ではない」とも常に言っていました。実務者の研究は，時として利用者に怒られたり，職員同士で対立したりするような現場での問題に向き合ってするのだから，他人の説の羅列ではなく必ずはっきりとした主張がなければならない，というのがその趣旨でした。

　これらの論文から，実務者の研究に向き合う姿勢を学び取っていただければと思います。

「公立図書館の施設を考える」は90年代初期に執筆されたため，「J-BISC」「レーザーディスク」など，現在では古くなってしまったものも取り上げられていますが，論旨には影響がないのでそのままにしました。読書案内カウンターと貸出カウンターの分離についても，文中では「まだ実現された話は聞かない」とありますが，その後，これを実施する図書館も出てきたことは周知のとおりです。これも，「形だけまねても，そこに座る職員が確保されなければ意味はないし，またいつも空席であったりしては逆効果である」という伊藤の論旨は現在でも有効だと考え，変更はしませんでした。

　なお，「公立図書館を市民のものにするもう一つの試み」については，原文は縦書きで漢数字表記でしたが，再録にあたり，本書は横書きのため洋数字に変更しました。

（脇坂）

第5章　改めて図書館の役割を考える

　三木市吉川地区での三木市民を対象とした伊藤の講演用の原稿です。話す際に手元に置いて使用したもので，文章として発表するために書き終えたものではなく，メモ書きのような箇所もあったため，編者が表記などを修正しました。

　三木市で吉川地区に新しい分館をつくる計画がもちあがった時期に，図書館が身近になかった地域の市民が聴衆として来ていることを念頭に語りかけています。「受験勉強の場所」「良書を読ませるためのところ」といった古い図書館観をなぜ脱するべきなのか，今図書館の役割をどう考えるべきか，という主張です。

　伊藤は常々，「どうあるべきか悩む時には，図書館の役割は何かという基本に立ち戻って考えることが重要だ」と話していました。

　より活発に利用される図書館を目指すために，カギを握るのは「図書館の役割はどうあるべきか」という理念である，という再認識を迫るものです。

（加藤）

注

第1章

1 日本図書館協会編『市民の図書館』日本図書館協会，1970．増補版は1976．
2 「図書館の自由に関する宣言」1954採択，1979改訂，日本図書館協会
3 日本図書館協会中小公共図書館運営基準委員会編『中小都市における公共図書館の運営』日本図書館協会，1963．
4 伊藤は次のように解説している。

　「地方自治法からみれば，公立図書館は地方自治法上の「公の施設」である。「公の施設」は地方自治法第224条によって，その施設を設置している自治体の住民に優先的に利用させるべきものである。もし，設置自治体の住民と同様に，他の自治体の住民に対しても，図書館から資料の貸出を認めようとするならば，地方自治法第224条の3，第2項の規定によって，関係地方公共団体との協議及び議会の議決を経た上でなければならないとの説をとなえる人がいる。

　しかし，これは地方自治法で定められたことであり，図書館の行為自体が法律に違反するかどうかは，図書館法との関係によって決まる。[中略] 一般に特別法が一般法に優先するものであり，いまの場合，地方自治法に対しては図書館法のほうが特別法に該当する。相互貸借は図書館法第3条の第4号で明文化されており，それは違法とはならない。」森耕一編『図書館法を読む』補訂版，日本図書館協会，1995，p.96.

5 本書「三木市の研修で配布した資料リスト」（以下「資料リスト」）40
6 「公共図書館」の項に「公共図書館のサービスは，年齢，人種，性別，宗教，国籍，言語，あるいは社会的身分を問わず，すべての人が平等に利用できるという原則に基づいて提供される」との文言がある。「ユネスコ公共図書館宣言」1994年11月採択
7 調査例として次のものがある。「図書館利用の実態を知る — 何から始めるべきか —」伊藤昭治・山本昭和編著『公立図書館の役割を考える』日本図書館研究会，2000，p.133-164.
8 資料リスト11，12
9 資料リスト19，32にも関連資料あり。住民基本台帳カード（略称「住基カード」）とは，平成15年から平成27年まで市町村で交付を受けることができたICカードで，各種行政手続の電子申請に使用でき，身分証明書ともなっていた。住基カードの図書館利用によって，図書館の自由が侵されたり制限されたりする恐れがあり，例えば次のように指摘されていた。「本人認証のデータが記入されており紛失時に悪用される懸念や，再発行時に高い負担が求められる点などから，気軽な携帯に抑止がかかる。このことで図書館利用の後退を招くことのないようにしなければならない。」「住基カードの空きスペースを利用し利用の記録を残すことは，本人認証と利用の事実がリンクする点，また書き込まれ外部で保存された利用の記録は図書館で速やかに消去できな

い点があるため行わないこと。」日本図書館協会図書館の自由委員会編集『図書館の自由 ニューズレター集成 3 2006-2010』日本図書館協会，2015，p. 29. より。
10　船橋市西図書館職員が「新しい歴史教科書をつくる会」やこれに賛同する者等の著作107冊を除籍し廃棄した事件。著作者の思想や信条を理由とするなど不公正な取扱いによって廃棄することは「図書館の自由に関する宣言」や「図書館員の倫理綱領」に反し，あってはならない。資料リスト82-84も参照されたい。
11　熊取町立熊取図書館の除籍の適否を調査しようと除籍リストから予約をし続けた住民が，熊取図書館から相互貸借での提供を拒否され，損害賠償を求めた。2007年に和解が成立，町は遺憾の意を表明し，原告は請求を取り下げた。資料リスト78，120も参照されたい。

第2章

12　「図書館利用の減少をくいとめるために」伊藤昭治，山本昭和編著『本をどう選ぶか：公立図書館の蔵書構成』日本図書館研究会，1992，p. 176-191. この中で，神戸市立東灘図書館が貸出を伸ばした方策について「b 館」の事例として具体的に述べている。
13　日本図書館協会，前出1
14　日本図書館協会図書館政策特別委員会編『公立図書館の任務と目標』日本図書館協会，1989. その後2004年に改訂され，『公立図書館の任務と目標　解説』(初版1989年，増補版1995年，増補改訂版2000年，改訂版2004年，改訂版増補2009年) が発行されている。
15　「図書選択にみる図書館員の意識」伊藤昭治・山本昭和編著『本をどう選ぶか：公立図書館の蔵書構成』日本図書館研究会，1992，p. 121-142.
16　日本図書館協会，前出1
17　日本図書館協会，前出2
18　「図書館員の倫理綱領」日本図書館協会1980. 6. 4総会決議
19　河井弘志編『蔵書構成と図書選択』日本図書館協会，1992.
20　前川恒雄『われらの図書館』筑摩書房，1987.
21　Bass Doris「ブルックリン公共図書館の資料選択方針」『現代の図書館』8(3)，1970. 9，p. 136-144.
22　資料リスト101
23　資料リスト20
24　伊藤昭治「公立図書館現場サイドの図書選択論(図書館・図書館学の発展 ─ 20世紀から21世紀へ 〈特集〉図書館資料論)『図書館界』45(1)，1993. 5，p. 102-109.
25　仲健一「茨木市立図書館を発展させた要因」『図書館人としての誇りと信念』伊藤昭治古稀記念論集刊行会編，出版ニュース社，2004，p. 148-153.
26　詳しくは次を参照

「住民の読書要求に応える蔵書構成 ― 茨木市立図書館の取り組み ―」『こうすれば利用がふえる:公立図書館の経営』公立図書館の経営調査委員会,日本図書館研究会,1997,p. 77-121.
27 山本昭和「ボルチモア郡立図書館の蔵書構成」『図書館界』50(5),1999. 1,p. 204-223.50(6),1999. 3,p. 278-299.51(1),1999. 5,p. 18-25.
28 伊藤昭治「利用者の変化とそれに応えるサービス」『図書館界』47(3),1995. 9,p. 163-170.
29 伊藤昭治ほか「視聴覚資料は若い人たちだけが利用するものではない」『図書館界』46(2),1994. 7,p. 80-87.
30 加藤ひろの,伊藤昭治,西尾恵一,村林麻紀,脇坂さおり「高齢者一人一人の公共図書館へのニーズ」『図書館界』65(6),2014. 3,p. 362-375.
31 前川恒雄先生古稀記念論集刊行会『いま,市民の図書館は何をすべきか:前川恒雄さんの古稀を祝して』出版ニュース社,2001.
32 「公立図書館を市民のものにするもう一つの試み ― 志智嘉九郎の目指したレファレンス ―」本書第4章として収録
33 伊藤昭治ほか「日本の公共図書館でビジネス・ライブラリーは成り立つか」『図書館界』33(3),1981. 9,p. 146-155.
34 金融財政事情研究会編『業種別貸出審査事典』金融財政事情研究会.改訂を重ねており,現在のタイトルは『業種別審査事典』。
35 詳しくは,前出26を参照
36 伊藤昭治「利用者の要求に応える姿勢で ― 利用者調査と図書館運営 ―」『みんなの図書館』208,1994. 8,p. 10-20.p. 17,19.に『みんなの図書館』関西編集部の発言として記述している。
37 日本図書館協会,前出18
38 前出2
39 日本図書館協会が企画し,1993年から1998年までにわたって発行されたビデオシリーズ。1巻から8巻まで,図書館学のテキストにもできる内容。1998年から2002年には「新図書館の達人」全6巻が発行された。本書資料リストのビデオ5など。
40 「図書館評価のためのチェックリスト」『公立図書館の任務と目標 解説』日本図書館協会,2004,p. 89-107.
41 公立図書館の経営調査委員会『こうすれば利用がふえる:公立図書館の経営』日本図書館研究会,1997,p. 17-74.にアンケート結果分析がある。
42 本書第4章「公立図書館の施設を考える」参照
43 湖東町,八日市市とも,現東近江市
44 例えば,資料リスト41
45 資料リスト114
46 例えば,『だれが本を殺すのか』プレジデント社,2001.

47　資料リスト42
48　例えば，三田誠広『図書館への私の提言』勁草書房，2003．
49　資料リスト45
50　資料リスト44
51　資料リスト43
52　伊藤昭治，山本昭和編著『本をどう選ぶか：公立図書館の蔵書構成』日本図書館研究会，1992．
53　公立図書館の経営調査委員会『こうすれば利用がふえる：公立図書館の経営』日本図書館研究会，1997．
54　伊藤昭治，山本昭和『公立図書館の役割を考える』日本図書館研究会，2000．
55　日本図書館協会図書館政策特別委員会編『公立図書館の任務と目標　解説』改訂版，日本図書館協会，2004．
56　資料リスト152
57　市の広報広聴課宛てに以下のような投書があった。「薮本市長になられてから三木職員の方々の努力がとても強く感じられています。特に図書館の変化は見違えるようです。館内の方々に常々本当にお世話になり頭が下がります。いつでも親身になってリクエストに応えてくださったり，トイレなどにも花を絶やさず館内を清潔に保たれていて心休まる場になっています。話題の本や新書が見やすく整理され読みたい本がすぐ手に取ることができるようにされています。以前の硬いイメージの図書館ではなく市民に開かれた憩いの場，学びの場にしてくださって，感謝しています。他の市にも自慢できる施設だと思い知り合いにもすすめています。職員の方々が誇りを持って心を込めてお仕事をされている姿には敬服しています。どうぞこれからも，ご尽力いただけますようにお願いいたします。」
58　福島県東白川郡矢祭町にある図書館。平成19年1月14日寄贈図書のみで開館した。ちなみに，町民のボランティアにより図書の整理及び運営までを担っていたが，平成28年4月1日から町の運営になった。平成19年6月に「寄贈お断り」を広報し，現在は再び寄贈をお願いしているが，「現在，必要としている図書のみで，新刊の3年以内に発行されたもの限定」としている。
　　（参考：齋藤守保「報告・矢祭町から ―『矢祭もったいない図書館』開館す!!」『みんなの図書館』362，2007．5，p.57-61．矢祭もったいない図書館「図書館ガイド　図書寄贈について」〈http://mottainai-toshokan.com/guide/donation.html〉[参照日：2018.12.1]．「補注　矢祭もったいない図書館のその後」田井郁久雄『図書館の基本を求めてⅢ』大学教育出版，2009，p.94-95．）
59　加筆修正され本書第2章「職員の研修で押さえておかなければならないこと ― 三木市での実践1」となった。
60　本書巻末に「付録　三木市の研修で配布したリスト」として収録
61　資料リスト15

注　153

62　草薙厚子『僕はパパを殺すことに決めた：奈良エリート少年自宅放火事件の真実』講談社，2007．
63　資料リスト97，121
64　資料リスト122
65　資料リスト26
66　資料リスト4，29，35，53-57，76，125
67　資料リスト30，31，71，74
68　資料リスト89
69　三田誠広，前出48
70　佐野眞一，前出46
71　資料リスト165
72　「脱『貸本屋』めざす図書館」「外部化で変わる公立」『朝日新聞』2008．2．9朝刊 be 週末 b 3 (be report)
73　資料リスト26
74　資料リスト27
75　伊藤昭治，山本昭和，前出52
76　公立図書館の経営調査委員会，前出53
77　伊藤昭治，山本昭和，前出54
78　田井郁久雄『図書館の基本を求めて』Ⅰ－Ⅷ，大学教育出版，2008-2016．
79　日本図書館協会図書館政策特別委員会編，前出55
80　資料リスト28
81　日本図書館協会図書館の自由に関する調査委員会編『図書館の自由に関する事例33選』日本図書館協会，1997．
82　日本図書館協会図書館ハンドブック編集委員会編『図書館ハンドブック』日本図書館協会．当時の第6版，2005を利用したと思われる。現在の最新版は第6版補訂2版，2016．

第3章

83　現加東市
84　「職員の研修で抑えておかなければならないこと」『談論風発』2(1)，2007．4，p．1-7．「職員研修を終わって」『談論風発』3(1)，2008．4，p．1-6．（共に本書第2章に収録）
85　日本図書館協会図書館政策特別委員会編，前出55
86　資料リスト28
87　日本図書館協会図書館員の問題調査研究委員会編『「図書館員の倫理綱領」解説』増補版　日本図書館協会，2002．
88　平成9年2月10日の「必置規制について」の中で館長の資格要件や司書・司書補の数の最低基準の廃止を提案し，「住民ニーズが高度化多様化する中で，新しい時代の図

書館長には総合的運営能力が必要。図書館のスタッフとして司書が配置されていれば足り，司書資格にこだわらず広く人材を求めることが必要。司書・司書補の数の最低基準は実態とあわなくなっており，最低基準の意義が失われている。」としている。日本図書館協会図書館年鑑編集委員会編『図書館年鑑1998』日本図書館協会，1998，p. 304-305.

第4章

89　J-BISC とは，CD-ROM を媒体とする国立国会図書館作成の書誌データ。インターネットの普及以前には書誌検索ツールとして重要だった。

90　前出1

91　薬袋秀樹「志智嘉九郎『レファレンス・ワーク』の意義」『現代レファレンス・サービスの諸相』日外アソシエーツ，1993，p. 131-165．北原圀彦「明治大正期におけるレファレンス・ワークの発展」『Library and Information Science』8号，1970. 9，p. 25．石塚栄二「覆刻にあたって」『レファレンス・ワーク』志智嘉九郎著，改版，日本図書館研究会，1984，p. 5．伊藤松彦「生気あふれる名著，むしろこれから役立つ〜志智嘉九郎『レファレンス・ワーク』の覆刻によせて〜」『図書館雑誌』79(12)，1985. 12，p. 737-739.

薬袋は『レファレンス・ワーク』の著作の意義と問題点について詳細に解説，北原圀彦は「昭和30年代のわが国におけるもっともすぐれたレファレンス・ワークの教科書」と評価し，石塚栄二は「利用者の情報要求を受けとめ，これをいかに処理するかという分野において，いまだに本書を越える労作は生まれていないといえよう」と述べ，伊藤松彦は「実地的見地と開発された手法には，あらためて触発されるものが多い。むしろこれから役立つ本である」と評価している。

92　『図書館法30年記念　戦後公共図書館の歩み　図書館白書1980』日本図書館協会，1980，p. 19.

鈴木四郎『公立図書館活動論』全国学校図書館協議会，1985，p. 106-107．にも同じ趣旨の論述がある。

93　志智嘉九郎編著『りべる：黎明期の参考事務』志智嘉九郎，1986，p. 5-9.

94　「公立図書館の任務と目標」はその後2004年に改訂されている。2004年改訂の15条の文言は次のとおり。

「図書館サービスの基本は，住民の求める資料や情報を提供することである。そのために，貸出，レファレンス・サービスを行うとともに，住民の資料や情報に対する要求を喚起する働きかけを行う。住民の図書館に寄せる期待や信頼は，要求に確実に応える日常活動の蓄積によって成り立つ。その基礎を築くのは貸出である。」

95　志智嘉九郎，前出93，p. 9.

96　志智嘉九郎『レファレンス：公共図書館における実際』日本母性文化協会，1954，p. 81.

97　志智嘉九郎『書燈：神戸市立図書館報』18，1951.5，p.1.
98　志智嘉九郎，前出93，p.6.
99　『神戸市立図書館60年史』神戸市立図書館，1971，p.111.
100　志智嘉九郎『レファレンス・ワーク』赤石出版 p.89-90.（日本図書館研究会，1984，p.85-86.）
101　志智嘉九郎『空論集』志智嘉九郎，1969.
102　「ワークショップ各地で開催」『図書館雑誌』47(5)，1953.5，p.151.
103　現在は愛知県図書館ビジネス情報コーナーとなっている。
104　志智嘉九郎，前出96，p.20.
105　志智嘉九郎，前出101，p.123.
106　森耕一・伊藤昭治『アメリカ大都市の公立図書館』日本図書館協会，1977，p.54. 伊藤昭治ほか「日本の公共図書館でビジネス・ライブラリーは成り立つか」『図書館界』33(3)，1981.9，p.146-155.
107　志智嘉九郎「神戸市立図書館の公開書架設置」『図書館雑誌』43(10)，1949.10，p.142.
108　菅原峻「公共図書館の建築　1953～1978」『現代の図書館』16(4)，1978.3，p.176.
109　志智嘉九郎『書燈：神戸市立図書館報』53，1957.3，p.1. 同67，1959.7，p.1. 同68，1959.9，p.1. 同69，1959.11，p.1.
110　志智嘉九郎，前出100，日本図書館研究会，p.261.
111　前出99，p.105.
112　前出99，p.105.
113　本文注以外の初出時の参考文献に次のものがある。
　　　志智嘉九郎『三叉路の赤いポスト』みるめ書房，1963，資料リスト164.

第5章

114　角家文雄編著『日本近代図書館史』学陽書房，1977，p.104.
115　資料リスト40
116　Madonna 著，Steven Meisel 写真『SEX by MADONNA』同朋舎出版，1992.
117　渡辺淳一『失楽園』上・下，講談社，1997.
118　吉村昭『破獄』岩波書店，1983.
119　向井克明「貸出しを増やすな」『図書館があぶない』森崎震二［ほか］編著，教育史料出版会，1986，p.59-79.
120　昼間守仁「公共図書館の今日的再生」『自治体の先端行政：現場からの政策開発』松下圭一編，学陽書房，1986，p.65.
121　伊藤，山本昭和，前出7
122　図書館法第三条制定当時（1950年）の条文は次のとおり。
　　　図書館は，図書館奉仕のため，土地の事情及び一般公衆の希望にそい，更に学校教

育を援助し得るように留意し，おおむね左の各号に掲げる事項の実施に努めなければならない。
- 一　郷土資料，地方行政資料，美術品，レコード，フイルムの収集にも十分留意して，図書，記録，視覚聴覚教育の資料その他必要な資料(以下「図書館資料」という。)を収集し，一般公衆の利用に供すること。
- 二　図書館資料の分類排列を適切にし，及びその目録を整備すること。
- 三　図書館の職員が図書館資料について十分な知識を持ち，その利用のための相談に応ずるようにすること。
- 四　他の図書館，国立国会図書館，地方公共団体の議会に附置する図書室及び学校に附属する図書館又は図書室と緊密に連絡し，協力し，図書館資料の相互貸借を行うこと。
- 五　分館，閲覧所，配本所等を設置し，及び自動車文庫，貸出文庫の巡回を行うこと。
- 六　読書会，研究会，鑑賞会，映写会，資料展示会等を主催し，及びその奨励を行うこと。
- 七　時事に関する情報及び参考資料を紹介し，及び提供すること。
- 八　学校，博物館，公民館，研究所等と緊密に連絡し，協力すること。

123　西崎恵『図書館法』日本図書館協会，1970，p. 75.
124　ボルチモア郡立図書館ロビンソン館長の言。山本昭和「ボルチモア郡立図書館の図書館運営 ― 貸出しを伸ばすための方策 ―」『公立図書館の思想と実践』森耕一追悼事業会，1993，p. 227.『公立図書館の役割を考える』2000，p. 89.
125　佐藤忠男『独学でよかった：読書と私の人生』チクマ秀版社，2007.
　　　また，「少年の理想主義について」『現代人の思想セレクション1』新装版，鶴見俊輔編，平凡社，2000，p. 271-297. においても，貸本屋での利用も活発だった通俗的な児童読み物の意義を評価している。
126　小林康夫，船曳建夫編『知の技法：東京大学教養学部「基礎演習」テキスト』東京大学出版会，1994.
127　森耕一・伊藤昭治『アメリカ大都市の公共図書館』日本図書館協会，1977，p. 92. にシカゴやロサンゼルスでの事例紹介がある。レンタルブックコーナーの図書はレンタル会社から図書館が借りて利用者に提供し，図書館の蔵書とはしない。
128　Dewey, Melvil（1851-1931）デューイ十進法の考案，図書館学校の設立など，アメリカ図書館界で指導的役割を果たした。川崎良孝『図書館の歴史　アメリカ編』増補第2版　日本図書館協会　2003，p. 148-149. にデューイの考えた教育における図書館の役割について解説がある。
129　Authur Elmore Bostwick(1860-1942) ブルックリン公共図書館長，セントルイス公共図書館長，アメリカ公共図書館協会会長など歴任。ボストウィックの検閲観については，川崎良孝，前出128，p. 195-196. や，河井弘志『アメリカにおける図書館選択論の学説的研究』日本図書館協会，1987，p. 147-149　を参照されたい。

130 『公立図書館の役割を考える』p. 93. 山本昭和「ボルチモア郡立図書館の図書館運営 ― 貸出しを伸ばすための方策 ―」『公立図書館の思想と実践』森耕一追悼事業会, 1993, p. 231.
131 三田誠広, 前出48, p. 16.
132 三田誠広, 前出48, p. 17-18.
133 三田誠広, 前出48, p. 58.
134 資料リスト165, p. 164.
135 村上春樹『少年カフカ』新潮社, 2003, p. 420-421.
136 2007.8.17朝刊, 3面

伊藤昭治　略歴

伊藤　昭治（いとう　しょうじ）
　　1933年2月　名古屋市に生まれる
　　1956年3月　同志社大学文学部卒業
　　1958年4月　神戸市立図書館勤務
　　1988年7月　茨木市教育委員会図書館建設事務室長
　　1991年3月　茨木市立図書館長
　　1995年4月　阪南大学教授
　　2002年3月　阪南大学退職
　　2016年4月　逝去　享年83
　　　　　9月　日本図書館研究会名誉会員

日本図書館研究会
　　理事　1973年～2005年
　　研究委員長　1979年～1984年
　　図書館研究奨励賞選考委員長　1993年～2004年
　　監事　2005年～2014年

図書館情報学会
　　理事　2005年～2007年

日本図書館協会
　　図書館政策特別委員会　　図書館の自由に関する委員会
　　障害者サービス委員会　　などで委員を務める

あとがき

　最近，TVや新聞等で話題になる図書館や図書館について書かれた話題の本の内容に違和感を覚えることが多くなりました。その原因は図書館の基本的役割である資料提供，つまり貸出が軽視されていることです。

　貸出について考えることは，利用者について，図書館の役割について，司書の専門性について，選書について，図書館経営について考えることでもあります。

　図書館は誰もが読みたい本を借りられるところです。簡単なようですが，いつも変わらずにそれをできるようにするのは大変なことです。

　なぜなら，利用者の求める資料を知り，それを手配し，できるだけ早く提供しなければならないからです。自分が読みたい資料をきちんと認識していない人もいますし，認識していてもうまく伝えられない人もいます。それを汲み取って適確な資料を探さなければなりません。

　また，求める資料が分かっても，自館が所蔵していない場合，他館から借りるか購入するかしなければなりません。どこに借りるのが良いか判断する，あるいは購入する。購入する場合は予算がなければなりません。予算をきちんと確保していくことも重要なことです。

　自分の読みたい本を確実に提供してくれることが，利用者が最も図書館に求めていることで，その信頼があれば，利用者は図書館から離れないでしょう。派手さはなく，地味な営みの連続ですが，それを変わらず着実に継続できる図書館こそが求められていると思います。

　そんな図書館を実現するために，多くの先輩が苦労して歩んでこられました。しかし，その歩みを無視し，新しいことを求めると言いつつ，実は古いことや，本筋から反れたことをやっている例が多いように感じます。

　この本に書かれていることは，伊藤昭治が繰り返し言っていたことです。時に，同じことを何度も言わなければならないことに倦みながら，それでも繰り

返しました。

　伊藤が求めた図書館像を共有できたら幸いです。

　本書の編集にあたっては，伊藤みどりさん，辻本美保さん(三木市立図書館)，浜口友希さん(茨木市立図書館)ほか多くの方に，参考資料などについてご教示いただきました。また，森耕一追悼事業会世話人代表　塩見昇先生，出版ニュース社　清田義昭代表には快く転載を許していただきました。ここに深く感謝申し上げます。

　2018年12月

村　林　麻　紀

加藤　ひろの	(かとう　ひろの)	吹田市立千里山・佐井寺図書館
西尾　恵一	(にしお　けいいち)	大阪府立中之島図書館
村林　麻紀	(むらばやし　まき)	八尾市立八尾図書館
山本　昭和	(やまもと　あきかず)	椙山女学園大学
脇坂　さおり	(わきざか　さおり)	滋賀県立図書館

障害者OK

視覚障害その他の理由で，活字のままではこの資料を利用できない人のために，音声訳（録音図書）及び拡大写本，電子図書（パソコンなどを利用して読む図書）の製作を認めます。ただし，営利を目的とする場合は除きます。

より活発に利用される図書館を目指して
― 伊藤昭治が言いたかったこと ―

2019年2月28日　初版発行　　定価2,000円（税別）

　編著　日本図書館研究会読書調査研究グループ
　発行　日本図書館研究会
　　　　〒550-0002　大阪市西区江戸堀2-7-32
　　　　　　　　　ネオアージュ土佐堀205号室
　　　　電話06-6225-2530(FAX とも)
　　　　http://www.nal-lib.jp/
　　　　E-mail : nittoken@ray.ocn.ne.jp
　印刷　株式会社　天理時報社

ISBN 978-4-930992-26-0